江西省农村公路中小桥梁设计通用图（试行）

（第11册　共13册）

现浇钢筋混凝土简支实心板梁上部构造

编制单位　江西省公路科研设计院
批准部门　江西省交通运输厅

编　　号：13-11
跨　　径：5m、6m、8m、10m
斜 交 角：0°、15°、30°
荷　　载：公路—Ⅱ级
桥面宽度：5.0m、6.5m、7.5m、8.5m

人民交通出版社股份有限公司
China Communications Press Co.,Ltd.

图书在版编目（CIP）数据

江西省农村公路中小桥梁设计通用图：试行．11，现浇钢筋混凝土简支实心板梁上部构造／江西省公路科研设计院编制；江西省交通运输厅批准．—北京：人民交通出版社股份有限公司，2016.7
ISBN 978-7-114-13242-1

Ⅰ．①江…　Ⅱ．①江…　②江…　Ⅲ．①农村道路－跨径－公路桥－钢筋混凝土桥－桥梁设计－通用图－汇编－江西省　Ⅳ．①U448.142.5

中国版本图书馆 CIP 数据核字（2016）第 182858 号

江西省农村公路中小桥梁设计通用图（试行）
（第11册　共13册）

书　　名：现浇钢筋混凝土简支实心板梁上部构造
著 作 者：江西省公路科研设计院
责任编辑：赵瑞琴
出版发行：人民交通出版社股份有限公司
地　　址：（100011）北京市朝阳区安定门外外馆斜街3号
网　　址：http：//www.ccpress.com.cn
销售电话：（010）59757973
总 经 销：人民交通出版社股份有限公司发行部
经　　销：各地新华书店
印　　刷：北京鑫正大印刷有限公司
开　　本：880 × 1230　1/8
印　　张：10
版　　次：2016年7月　第1版
印　　次：2016年7月　第1次印刷
书　　号：ISBN 978-7-114-13242-1
定　　价：360.00元（全套共13册　总定价：3900.00元）

序

近年来，江西省农村公路发展迅速，据2013年年底江西省公路电子地图数据统计，全省农村公路桥梁共计18568座/601754延米，其中农村公路四、五类危桥共计4917座/166080延米，约占农村公路桥梁总数的26.48%。虽然我们采取了多项措施加大了农村公路危桥改造工程建设，但省农村公路危桥改造目前仍然存在一些问题，农村公路危桥数量较多且呈增长趋势，农村公路桥梁安全形势仍然较严峻。因此，农村公路中小桥梁的设计施工和工程质量直接关系到我省农村公路网络的安全畅通和有效服务。

为贯彻科学发展观，保证中小跨径公路混凝土桥梁结构的安全度，提高结构的耐久性，实现设计和施工的标准化、生产的工厂化和机械化，并具有良好的可维修性和可更换性，江西省交通运输厅给江西省公路管理局下达《江西省农村公路中小桥梁设计通用图》编制计划，江西省公路管理局委托江西省公路科研设计院，针对全省农村公路桥梁的特点，编制了本系列通用图。

本系列通用图的内容涵盖了装配式后张法预应力混凝土箱梁（简支）、装配式后张法预应力混凝土空心板梁（简支）、装配式钢筋混凝土实心板梁（简支）、现浇钢筋混凝土箱梁（连续）、现浇钢筋混凝土空心板梁（简支和连续）、现浇钢筋混凝土实心板梁（简支）、现浇钢筋混凝土板拱桥等上部结构形式及相应的下部结构形式。

本系列通用图的编制主要依据《公路工程技术标准》（JTG B01—2014）《公路桥涵设计通用规范》（JTG D60—2015）《公路钢筋混凝土及预应力混凝土桥涵设计规范》（JTG D62—2004）和《公路桥涵施工技术规范》（JTG/T F50—2011）等标准规范。

具体使用时，要求充分理解设计规范的意图和通用图的设计本意，结合工程项目的具体情况，予以完善和补充。设计单位和业主可以根据项目的具体情况，在本系列通用图中提出的设计要求的基础上，对某些设计要求予以一定的提高，并在详细的核算后予以调整。

期望本系列通用图的出版，能为实现资源节约型、环境友好型交通发展，进一步提高全省农村公路桥梁建设的可持续发展，有一定的启迪和促进作用。

参加本系列通用图编制的成员主要有钱济章、徐友才、刘辉、肖琦、周海旺、涂昀、梁靓、邓凌燕、龚汉清、钟曙亮、彭德清、吴义林、涂文玲、周琦、涂清艳等。

本系列通用图咨询单位为中交第一公路勘察设计研究院有限公司。

在此向支持和关心本项目工作的江西省交通运输厅和江西省公路管理局等单位的领导及参与项目技术审查的专家们一并表示感谢！

江西省公路科研设计院

二〇一六年五月

总 目 录

<table>
<tr><th rowspan="2">序号</th><th rowspan="2">图 册 名 称</th><th colspan="4">主 要 技 术 标 准</th></tr>
<tr><th>跨径（m）</th><th>汽车荷载等级</th><th>桥面宽度（m）</th><th>斜交角</th></tr>
<tr><td>一</td><td colspan="5">上部结构</td></tr>
<tr><td>1</td><td>装配式后张法预应力混凝土简支箱梁上部构造</td><td>20</td><td>公路—Ⅱ级</td><td>5.0、6.5、7.5、8.5</td><td>0°</td></tr>
<tr><td>2</td><td rowspan="2">装配式后张法预应力混凝土简支空心板梁上部构造</td><td>16</td><td>公路—Ⅱ级</td><td>5.0、6.5、7.5、8.5</td><td>0°、15°、30°</td></tr>
<tr><td>3</td><td>13</td><td>公路—Ⅱ级</td><td>5.0、6.5、7.5、8.5</td><td>0°、15°、30°</td></tr>
<tr><td>4</td><td rowspan="4">装配式钢筋混凝土简支实心板梁上部构造</td><td>10</td><td>公路—Ⅱ级</td><td>5.0、6.5、7.5、8.5</td><td>0°、15°、30°</td></tr>
<tr><td>5</td><td>8</td><td>公路—Ⅱ级</td><td>5.0、6.5、7.5、8.5</td><td>0°、15°、30°</td></tr>
<tr><td>6</td><td>6</td><td>公路—Ⅱ级</td><td>5.0、6.5、7.5、8.5</td><td>0°、15°、30°</td></tr>
<tr><td>7</td><td>5</td><td>公路—Ⅱ级</td><td>5.0、6.5、7.5、8.5</td><td>0°、15°、30°</td></tr>
<tr><td>8</td><td>现浇钢筋混凝土连续箱梁上部构造</td><td>3×16</td><td>公路—Ⅱ级</td><td>5.0、6.5、7.5、8.5</td><td>0°</td></tr>
<tr><td>9</td><td>现浇钢筋混凝土连续空心板梁上部构造</td><td>3×13</td><td>公路—Ⅱ级</td><td>5.0、6.5、7.5、8.5</td><td>0°</td></tr>
<tr><td>10</td><td>现浇钢筋混凝土简支空心板梁上部构造</td><td>13</td><td>公路—Ⅱ级</td><td>5.0、6.5、7.5、8.5</td><td>0°、15°、30°</td></tr>
<tr><td rowspan="4">11</td><td rowspan="4">现浇钢筋混凝土简支实心板梁上部构造</td><td>10</td><td>公路—Ⅱ级</td><td>5.0、6.5、7.5、8.5</td><td>0°、15°、30°</td></tr>
<tr><td>8</td><td>公路—Ⅱ级</td><td>5.0、6.5、7.5、8.5</td><td>0°、15°、30°</td></tr>
<tr><td>6</td><td>公路—Ⅱ级</td><td>5.0、6.5、7.5、8.5</td><td>0°、15°、30°</td></tr>
<tr><td>5</td><td>公路—Ⅱ级</td><td>5.0、6.5、7.5、8.5</td><td>0°、15°、30°</td></tr>
<tr><td rowspan="2">12</td><td rowspan="2">现浇钢筋混凝土板拱</td><td>13</td><td>公路—Ⅱ级</td><td>5.0、6.5、7.5、8.5</td><td>0°</td></tr>
<tr><td>10</td><td>公路—Ⅱ级</td><td>5.0、6.5、7.5、8.5</td><td>0°</td></tr>
<tr><td>二</td><td colspan="5">下部及附属结构</td></tr>
<tr><td>13</td><td>下部及附属结构</td><td>5、6、8、10、13、16、20</td><td>公路—Ⅱ级</td><td>5.0、6.5、7.5、8.5</td><td></td></tr>
</table>

本册目录

本册目录

说　　明

一、技术标准与设计规范

1.《公路工程技术标准》 JTG B01—2014

2.《公路桥涵设计通用规范》 JTG D60—2015

3.《公路钢筋混凝土及预应力混凝土桥涵设计规范》 JTG D62—2004

4.《公路桥涵施工技术规范》 JTG/T F50—2011

5.《公路交通安全设施设计技术规范》 JTG D81—2006

6.《钢筋焊接网混凝土结构技术规程》 JGJ 114—2014

二、技术指标

主要技术指标表

<table>
<tr><th>公路等级</th><th>设计荷载</th><th>桥面宽度（m）</th><th>车道数</th><th>斜交角（°）</th><th>现浇梁长（m）</th><th>现浇梁高（m）</th><th>设计安全等级</th><th>环境类别</th></tr>
<tr><td rowspan="4">三、四级公路</td><td rowspan="4">公路—Ⅱ级</td><td>5.0</td><td>1</td><td rowspan="4">0
15
30</td><td>4.98</td><td>0.35</td><td rowspan="4">二级</td><td rowspan="4">Ⅰ、Ⅱ类</td></tr>
<tr><td>6.5</td><td>1</td><td>5.98</td><td>0.40</td></tr>
<tr><td>7.5</td><td>2</td><td>7.98</td><td>0.45</td></tr>
<tr><td>8.5</td><td>2</td><td>9.98</td><td>0.55</td></tr>
</table>

三、主要材料

1.混凝土

（1）水泥：应采用高品质的强度等级为42.5级的硅酸盐水泥或普通水泥，同一座桥的板梁应采用同一品种水泥，不得采用复合水泥或变质水泥。

（2）粗集料：应采用连续级配，碎石宜采用锤击式破碎生产。碎石最大粒径不宜超过25mm，以防混凝土浇筑困难或振捣不密实。

（3）混凝土：现浇板梁采用C40混凝土；桥面混凝土铺装采用C40防水混凝土。

2.普通钢筋

普通钢筋采用HPB300和HRB400钢筋，钢筋应符合《钢筋混凝土用热轧光圆钢筋》（GB 1499.1—2008）和《钢筋混凝土用热轧带肋钢筋》（GB 1499.2—2007）的规定。凡钢筋直径大于或等于10mm者，采用HRB400热轧带肋钢；凡钢筋直径小于10mm者，采用HPB300钢筋。

本册图纸中HPB300钢筋主要采用了直径d=8mm一种规格；HRB400钢筋主要采用了直径d=10mm、12mm、14mm、16mm四种规格。

3.其他材料

（1）钢板：钢板应采用符合《碳素结构钢》GB/T 700—2006规定的Q235B钢板。

（2）支座：采用板式橡胶支座GYZ系列产品，其中跨径5m和6m的桥梁支座型号采用GYZ250×41；跨径8m的桥梁支座型号采用GYZ300×52；跨径10m的桥梁支座型号采用GYZ350×63；其性能应符合交通部行业标准《公路桥梁板式橡胶支座规格系列》JT/T 663—2006的规定。

四、设计要点

1.采用Midas Civil 2015进行结构建模及内力计算。

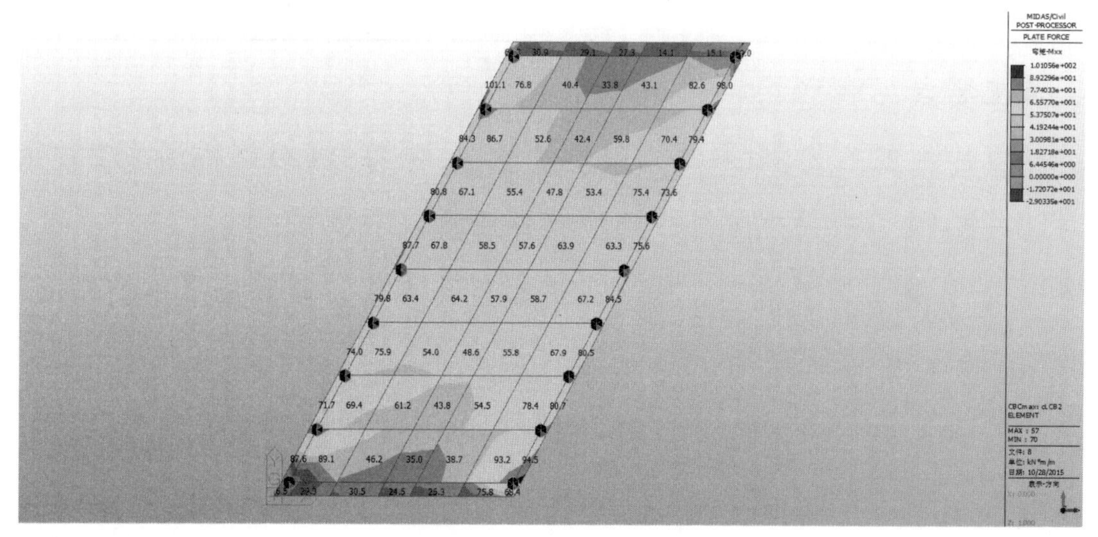

2.荷载上不仅考虑了车道荷载，还考虑了车辆荷载，取两种荷载单独作用下的最值控制设计。

3.按板单元进行内力分析，将整体板纵、横向均划分为1m左右的单元，受弯分析时考虑了Mxx、Myy、Mvector的各种情况（顺桥向弯矩、横桥向弯矩、板单元中心最大主弯矩）；抗剪分析时考虑了不同斜交角的影响。基本结论是：桥梁宽度越大，横向弯矩越大；桥梁斜交角越大，支点反力越大。本册图纸按不同宽度、不同斜交角进行了配筋控制。

4.计算出控制内力后，采用结构配筋设计及验算公式对构件进行配筋及抗裂验算。

5.由于斜板受力的特殊性，本册图纸按《公路钢筋混凝土及预应力混凝土桥涵设计规范》（JTG D62—2004）中第9.2.7的要求进行配筋。

6.不同跨径板桥的最大支点反力见下表：

跨径（m）	5	6	8	10
最大反力（kN）	332.4	358.7	555.6	685.5

7.不同跨径板桥的预拱度应以中心点为最高点，以板梁的四周为零，按二次抛物线进行分配，不同跨径板桥的最大预拱度值见下表：

跨径（m）	5	6	8	10
预拱度（mm）	—	—	7.6	8.5

五、施工要点

有关桥梁的施工工艺、材料要求及质量标准，除符合《公路桥涵施工技术规范》（JTGT F50—2011）有关规定外，还应特别注意以下事项：

1.板梁采用满堂支架施工，每次应搭起整孔支架，同时应严格控制支架的沉降，浇筑混凝土前应对支架进行预压，以减少非弹性变形并检验支架的承载能力，预压重量为支架所承受的全部荷载的1.1倍，待支架沉降稳定后方可施工。

2.施工时必须保证模板支架的强度及刚度。浇筑混凝土前应对模板支架做加压试验，以免浇筑混凝土后支架产生太大变形。在实心板混凝土强度达到80%后，可拆除支架，然后再进行桥面铺装和护栏的施工。

3.钢筋接长时，宜避开受力较大处，并按施工技术规范要求接头错开布置。

4.绑扎与安装钢筋时，一定要有良好的定位措施，各种预埋件位置一定要准确。

5.其他未尽事宜参照《公路桥涵施工技术规范》（JTGT F50—2011）规定执行。

6.混凝土未达到设计强度的80%时，不允许车辆在桥面上行驶。

7.本通用图设计钢筋长度未考虑折减，实际施工下料时应按照有关施工规范要求进行控制。

8.安装板式橡胶支座时，应严格控制支座标高，保证其上下表面与现浇板底面及及墩台支承垫石顶面平整密贴、传力均匀，避免支座脱空。

六、适用范围

1.本通用图适用于三、四级公路上的农村公路桥梁，修建桥梁时，根据实际情况，可参考本通用图修建漫水桥和过水桥。

2.使用本通用图时，应根据桥位处气象条件，选择合适伸缩缝。施工时应根据伸缩缝安装时的温度来确定其安装宽度。

3.本图设计荷载等级为公路—Ⅱ级，当有超载、超限车辆通过时，应进行结构验算，并采取相应加强措施。

4.预制空心板有左、右斜之分，本通用图仅绘出一种斜交方向的情况，使用时请注意桥梁斜交方向。

5.设计参数与本图有差异时应另行设计。

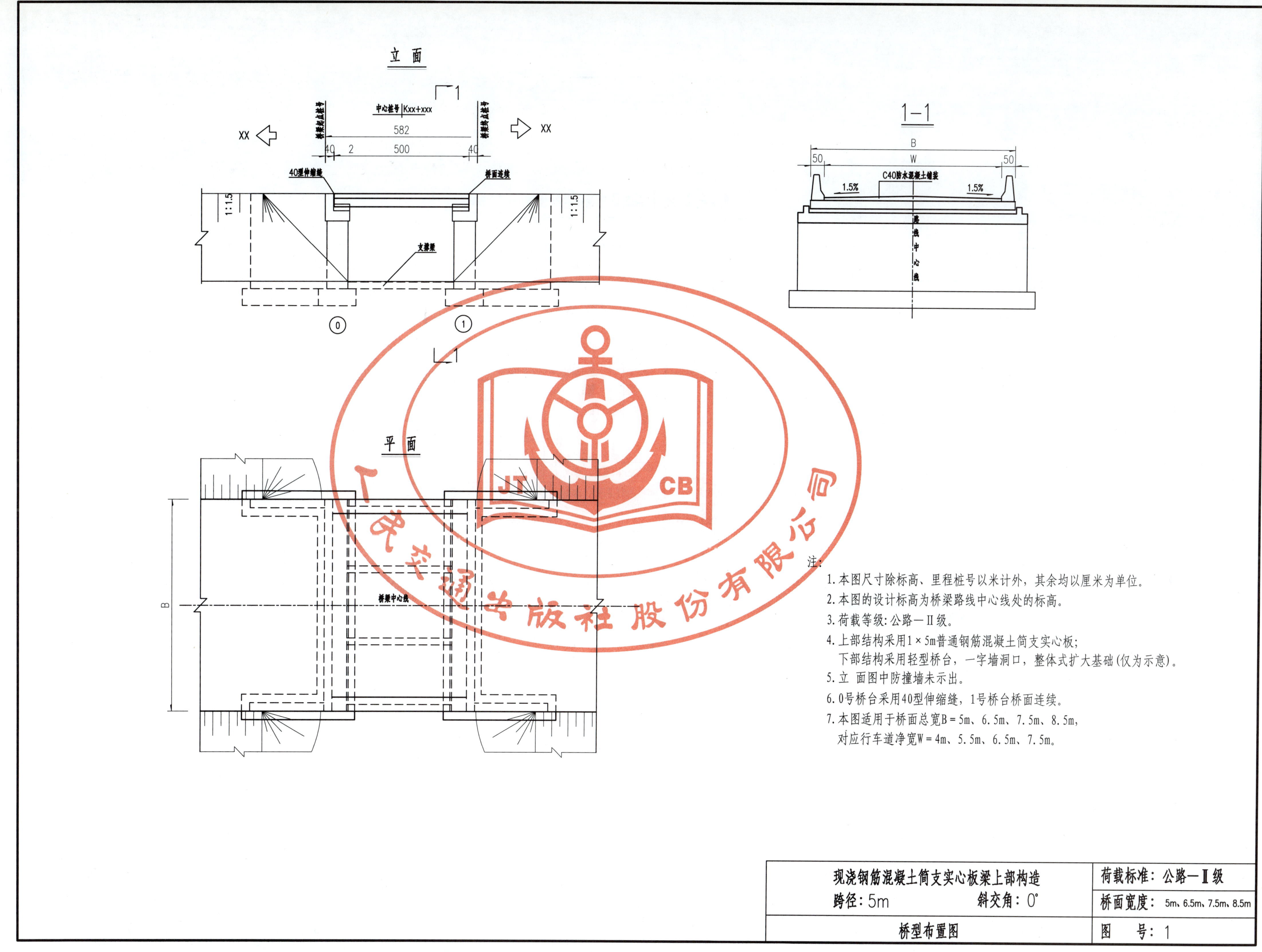

注:

1. 本图尺寸除标高、里程桩号以米计外，其余均以厘米为单位。
2. 本图的设计标高为桥梁路线中心线处的标高。
3. 荷载等级:公路—Ⅱ级。
4. 上部结构采用1×5m普通钢筋混凝土简支实心板;
   下部结构采用轻型桥台，一字墙洞口，整体式扩大基础(仅为示意)。
5. 立 面图中防撞墙未示出。
6. 0号桥台采用40型伸缩缝，1号桥台桥面连续。
7. 本图适用于桥面总宽B＝5m、6.5m、7.5m、8.5m，
   对应行车道净宽W＝4m、5.5m、6.5m、7.5m。

现浇钢筋混凝土简支实心板梁上部构造 跨径：5m　　斜交角：0°	荷载标准：公路—Ⅱ级 桥面宽度：5m、6.5m、7.5m、8.5m
桥型布置图	图　号：1

一孔现浇实心板材料数量总表（跨径5m）

桥宽	材料	斜交角	0°	15°	30°
5m	混凝土(m³)	C40	8.7	8.7	8.7
	HPB300钢筋(kg)	Φ10	312.9	318.1	273.5
	HRB400钢筋(kg)	⏀12	43.8	56.4	265.6
		⏀14	737.4	325.1	247.7
		⏀16			758.2
		⏀18	533.0	528.1	
		⏀20			
		⏀22			
		⏀25			
7.5m	混凝土(m³)	C40	13.1	13.1	13.1
	HPB300钢筋(kg)	Φ10	468.1	475.9	438.7
	HRB400钢筋(kg)	⏀12	63.8	78.1	293.8
		⏀14	465.6	480.7	366.3
		⏀16			973.6
		⏀18	799.4	792.2	
		⏀20			
		⏀22			
		⏀25			

桥宽	材料	斜交角	0°	15°	30°
6.5m	混凝土(m³)	C40	11.3	11.3	11.3
	HPB300钢筋(kg)	Φ10	406.1	412.8	374.3
	HRB400钢筋(kg)	⏀12	55.8	69.4	284.4
		⏀14	405.2	418.2	318.8
		⏀16			883.7
		⏀18	692.9	686.5	
		⏀20			
		⏀22			
		⏀25			
8.5m	混凝土(m³)	C40	14.8	14.8	14.8
	HPB300钢筋(kg)	Φ10	530.3	539.1	506.8
	HRB400钢筋(kg)	⏀12	71.8	86.8	303.2
		⏀14	526.0	543.8	413.5
		⏀16			1051.4
		⏀18	904.3	897.7	
		⏀20			
		⏀22			
		⏀25			

现浇钢筋混凝土简支实心板梁上部构造 跨径：5m　斜交角：0°、15°、30°	荷载标准：公路—Ⅰ级 桥面宽度：5m、6.5m、7.5m、8.5m
一孔现浇实心板材料数量总表	图　号：2

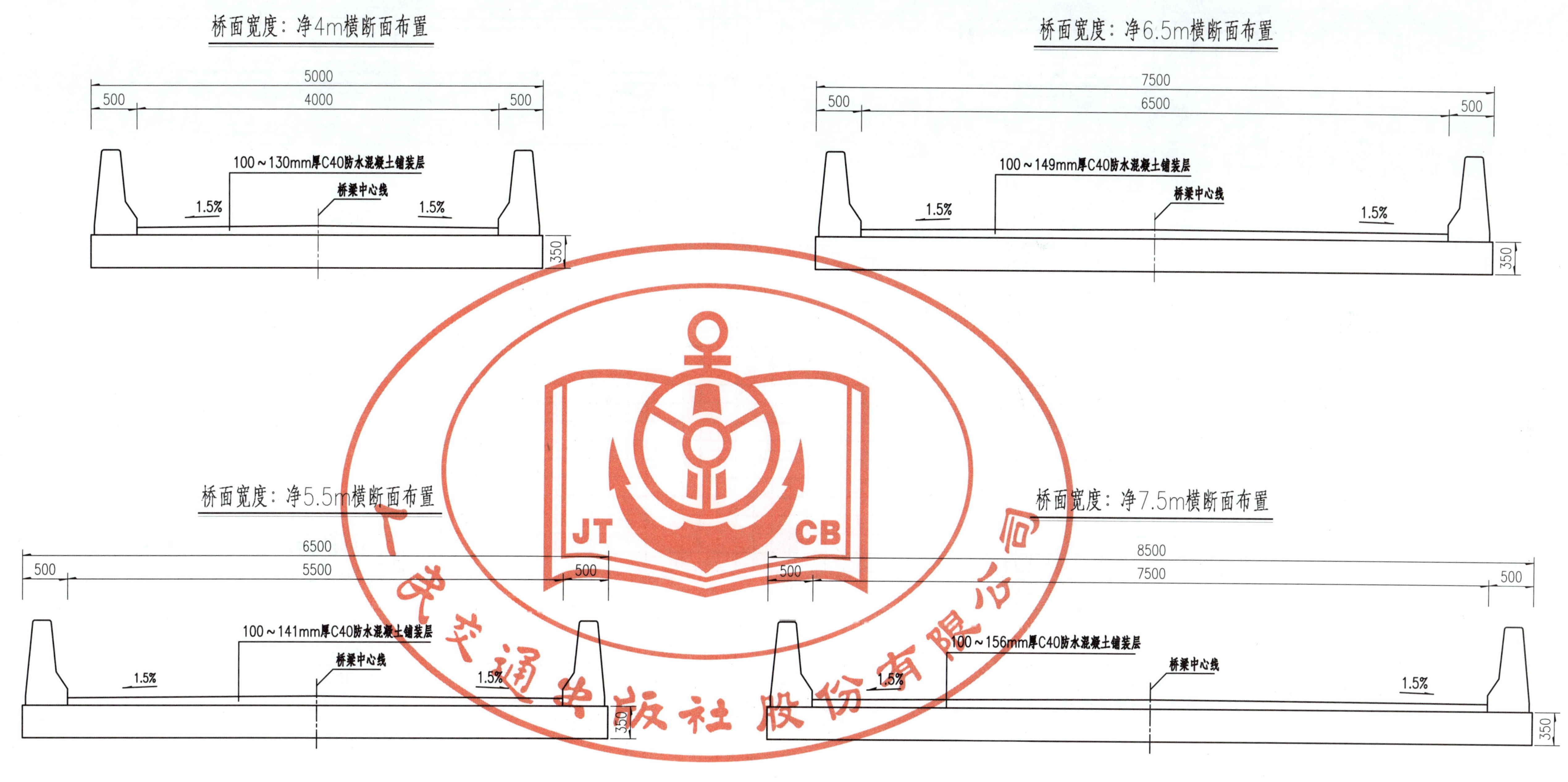

注：

1. 本图尺寸均以毫米为单位。
2. 桥面横坡由桥面铺装调节形成，防撞墙内侧边缘处铺装厚度为100mm。
3. 本图比例：1：50。

现浇钢筋混凝土简支实心板梁上部构造 跨径：5m　斜交角：0°、15°、30°	荷载标准：公路—Ⅱ级 桥面宽度：5m、6.5m、7.5m、8.5m
标准横断面	图　号：3

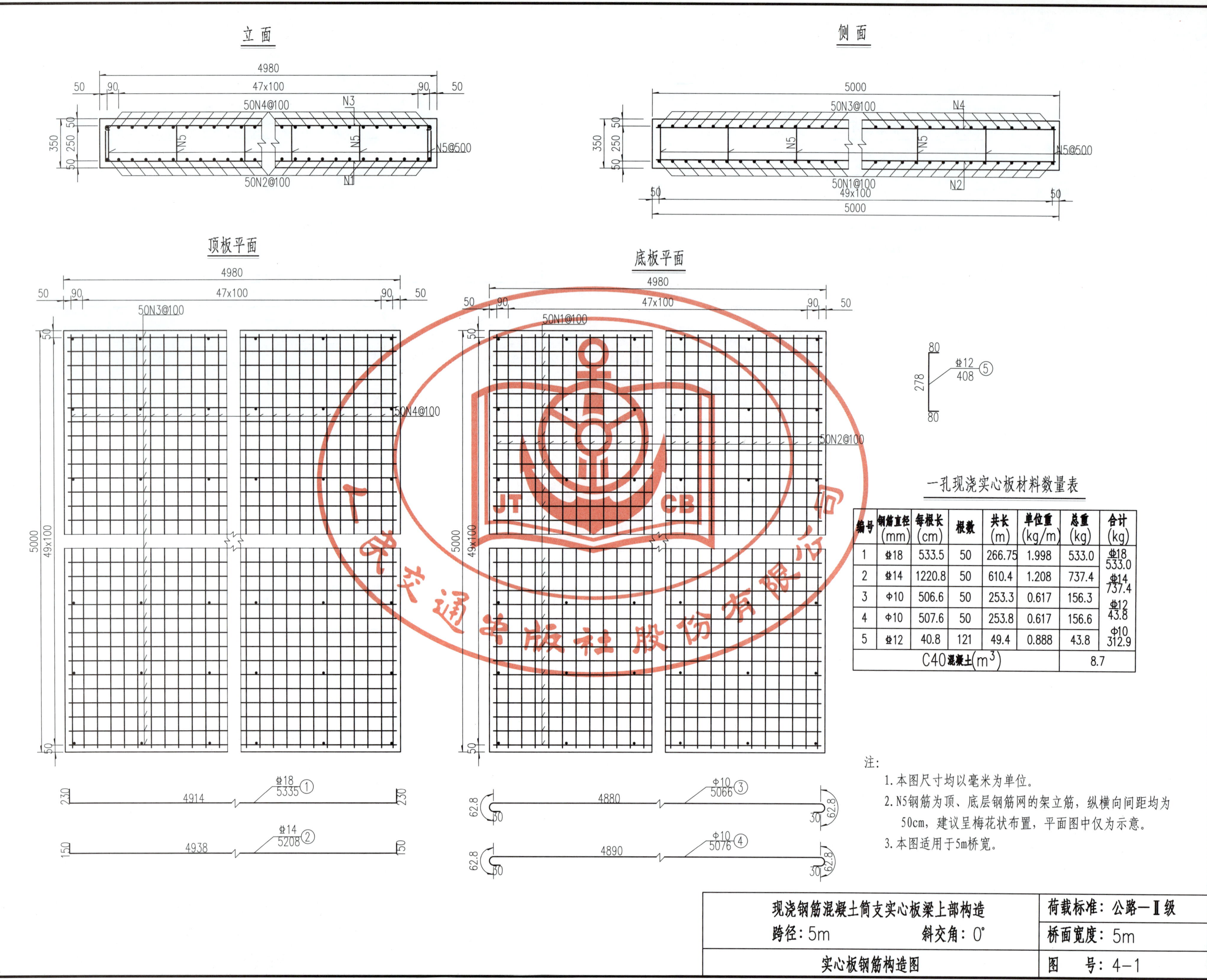

一孔现浇实心板材料数量表

编号	钢筋直径(mm)	每根长(cm)	根数	共长(m)	单位重(kg/m)	总重(kg)	合计(kg)
1	Φ18	533.5	50	266.75	1.998	533.0	Φ18 533.0
2	Φ14	1220.8	50	610.4	1.208	737.4	Φ14 737.4
3	Φ10	506.6	50	253.3	0.617	156.3	Φ12 43.8
4	Φ10	507.6	50	253.8	0.617	156.6	Φ10 312.9
5	Φ12	40.8	121	49.4	0.888	43.8	
C40混凝土(m^3)						8.7	

注：

1. 本图尺寸均以毫米为单位。
2. N5钢筋为顶、底层钢筋网的架立筋，纵横向间距均为50cm，建议呈梅花状布置，平面图中仅为示意。
3. 本图适用于5m桥宽。

现浇钢筋混凝土简支实心板梁上部构造 跨径：5m 斜交角：0°	荷载标准：公路—Ⅱ级
	桥面宽度：5m
实心板钢筋构造图	图 号：4-1

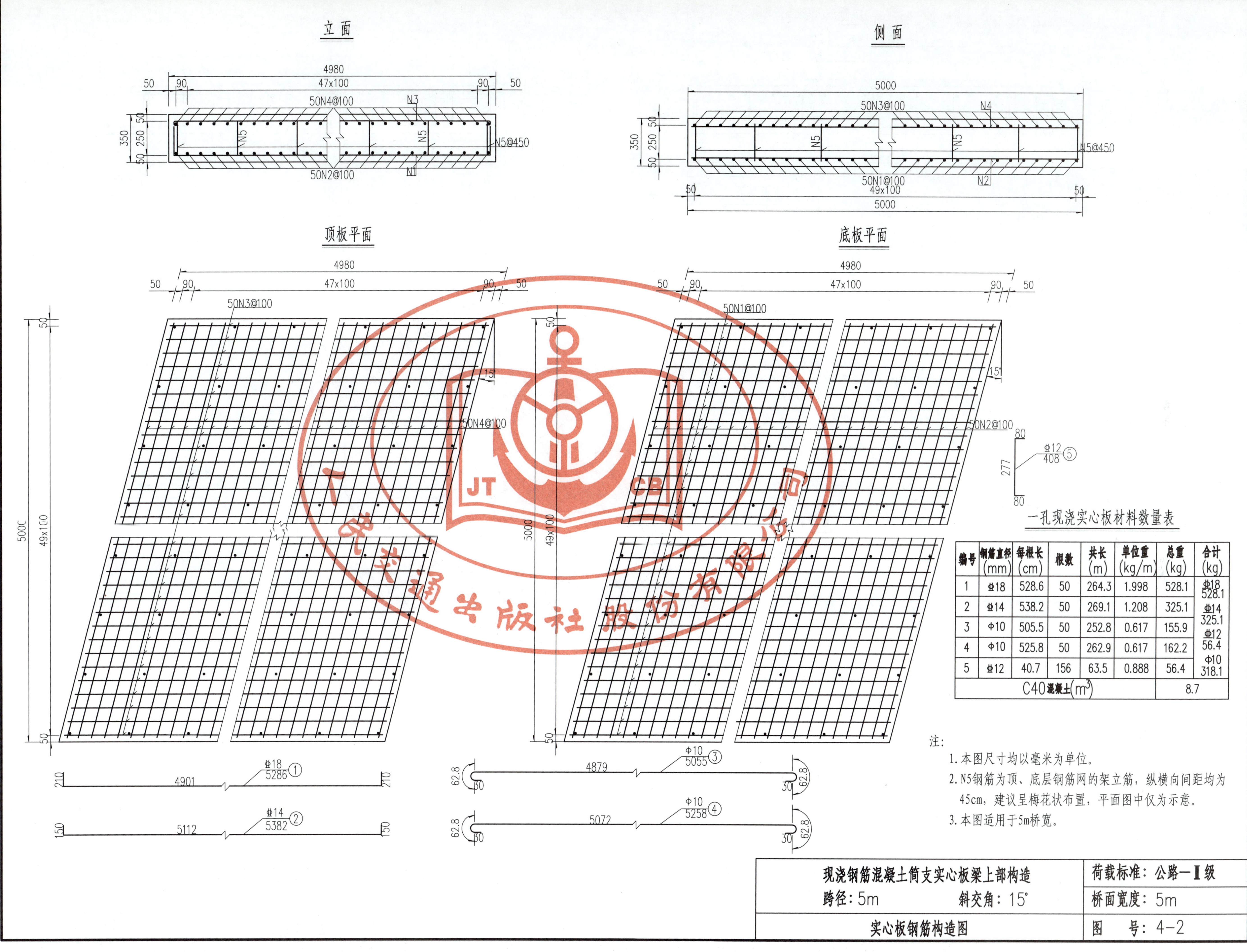

一孔现浇实心板材料数量表

编号	钢筋直径(mm)	每根长(cm)	根数	共长(m)	单位重(kg/m)	总重(kg)	合计(kg)
1	Φ18	528.6	50	264.3	1.998	528.1	Φ18 528.1
2	Φ14	538.2	50	269.1	1.208	325.1	Φ14 325.1
3	Φ10	505.5	50	252.8	0.617	155.9	Φ12 56.4
4	Φ10	525.8	50	262.9	0.617	162.2	Φ10 318.1
5	Φ12	40.7	156	63.5	0.888	56.4	
C40混凝土(m^3)						8.7	

注：

1. 本图尺寸均以毫米为单位。
2. N5钢筋为顶、底层钢筋网的架立筋，纵横向间距均为45cm，建议呈梅花状布置，平面图中仅为示意。
3. 本图适用于5m桥宽。

现浇钢筋混凝土简支实心板梁上部构造 跨径：5m　　斜交角：15°	荷载标准：公路—Ⅱ级 桥面宽度：5m
实心板钢筋构造图	图　号：4-2

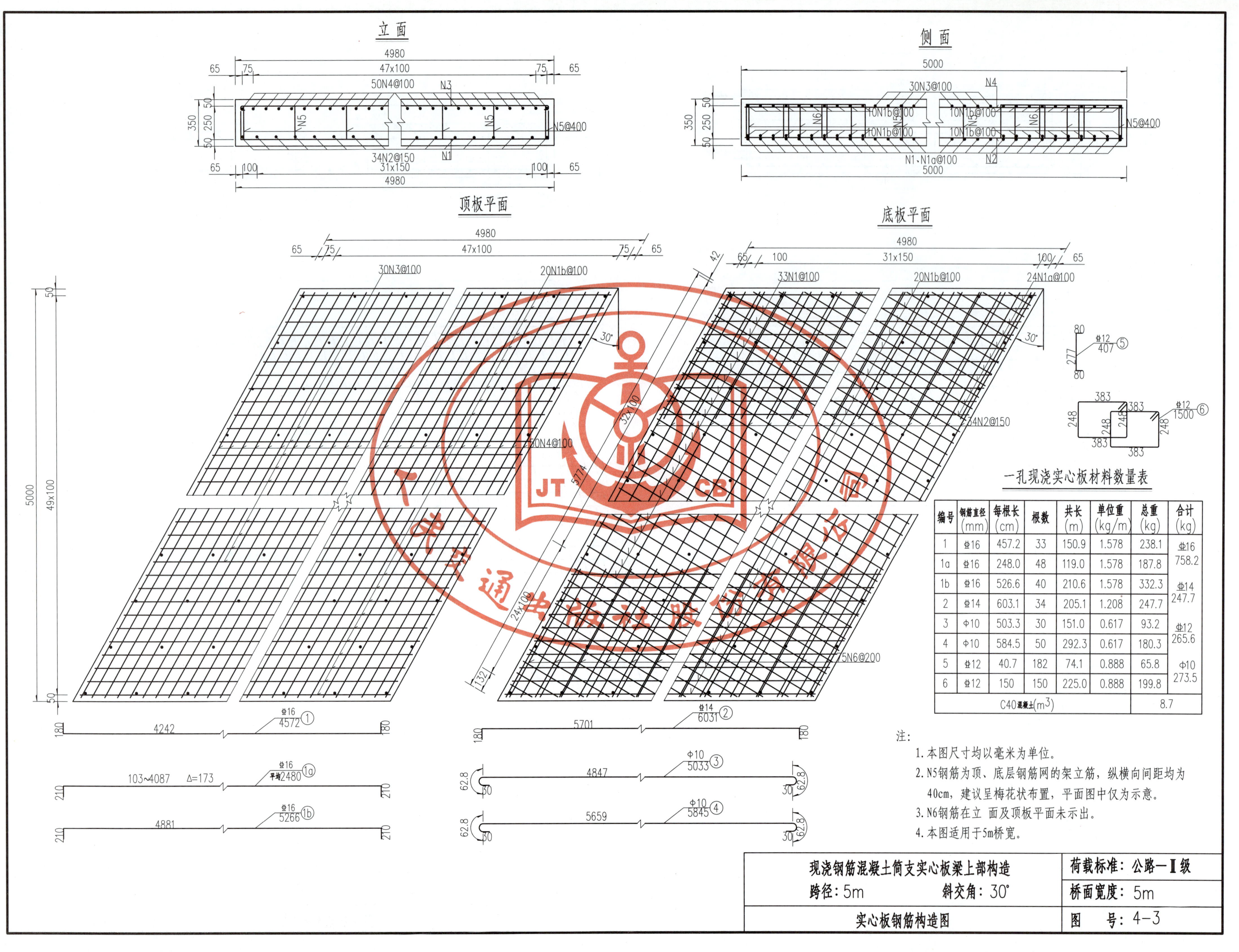

一孔现浇实心板材料数量表

编号	钢筋直径 (mm)	每根长 (cm)	根数	共长 (m)	单位重 (kg/m)	总重 (kg)	合计 (kg)
1	⌀16	457.2	33	150.9	1.578	238.1	⌀16 758.2
1a	⌀16	248.0	48	119.0	1.578	187.8	
1b	⌀16	526.6	40	210.6	1.578	332.3	⌀14 247.7
2	⌀14	603.1	34	205.1	1.208	247.7	
3	Φ10	503.3	30	151.0	0.617	93.2	⌀12 265.6
4	Φ10	584.5	50	292.3	0.617	180.3	
5	⌀12	40.7	182	74.1	0.888	65.8	Φ10 273.5
6	⌀12	150	150	225.0	0.888	199.8	
C40混凝土(m^3)						8.7	

注：

1. 本图尺寸均以毫米为单位。
2. N5钢筋为顶、底层钢筋网的架立筋，纵横向间距均为40cm，建议呈梅花状布置，平面图中仅为示意。
3. N6钢筋在立 面及顶板平面未示出。
4. 本图适用于5m桥宽。

现浇钢筋混凝土简支实心板梁上部构造	荷载标准：公路—Ⅱ级
跨径：5m　斜交角：30°	桥面宽度：5m
实心板钢筋构造图	图　号：4-3

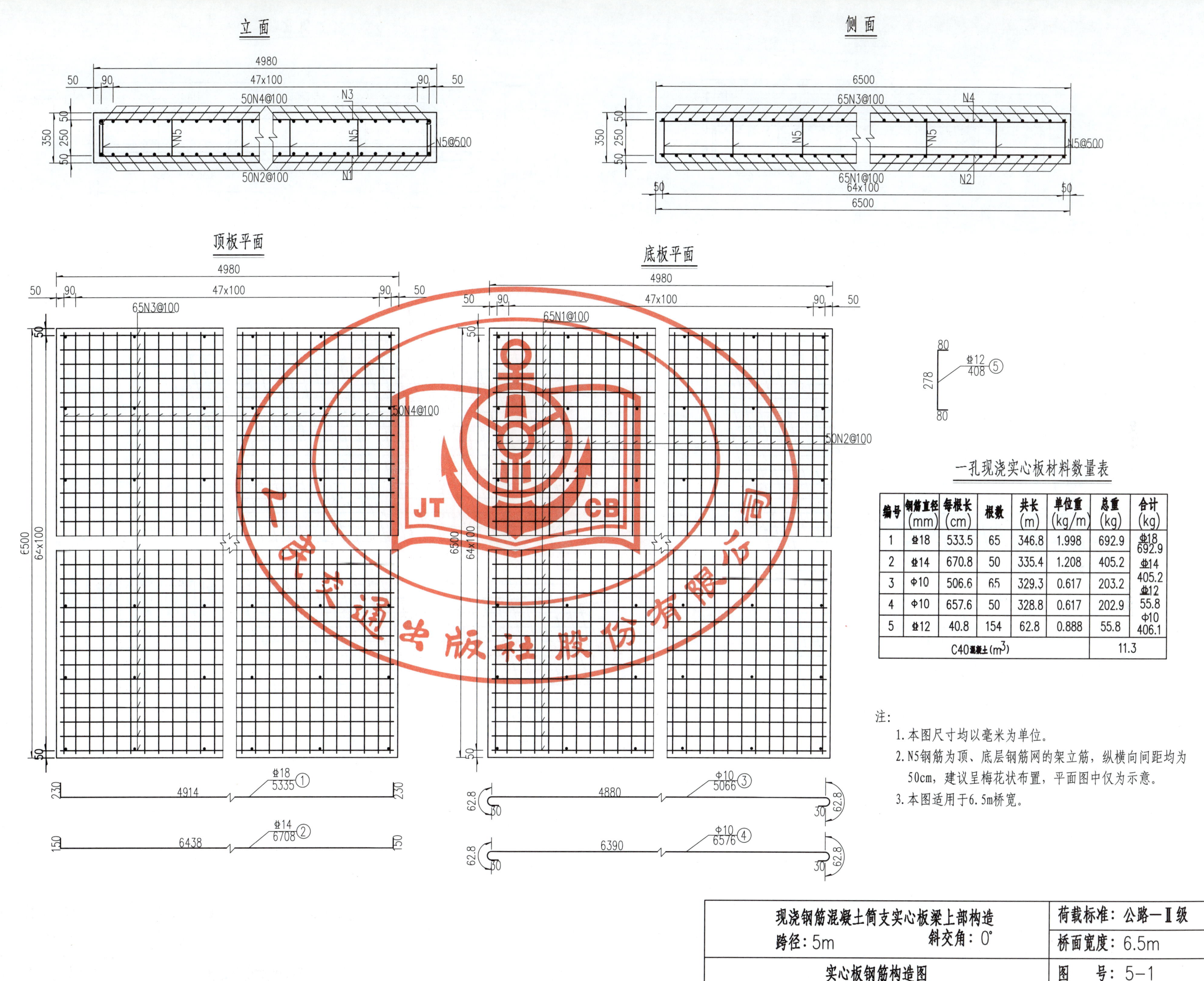

一孔现浇实心板材料数量表

编号	钢筋直径(mm)	每根长(cm)	根数	共长(m)	单位重(kg/m)	总重(kg)	合计(kg)
1	Φ18	533.5	65	346.8	1.998	692.9	Φ18 692.9 Φ14 405.2 Φ12 55.8 Φ10 406.1
2	Φ14	670.8	50	335.4	1.208	405.2	
3	Φ10	506.6	65	329.3	0.617	203.2	
4	Φ10	657.6	50	328.8	0.617	202.9	
5	Φ12	40.8	154	62.8	0.888	55.8	
C40混凝土(m^3)						11.3	

注：

1. 本图尺寸均以毫米为单位。
2. N5钢筋为顶、底层钢筋网的架立筋，纵横向间距均为50cm，建议呈梅花状布置，平面图中仅为示意。
3. 本图适用于6.5m桥宽。

现浇钢筋混凝土简支实心板梁上部构造 跨径：5m　　斜交角：0°	荷载标准：公路—Ⅱ级 桥面宽度：6.5m
实心板钢筋构造图	图　号：5-1

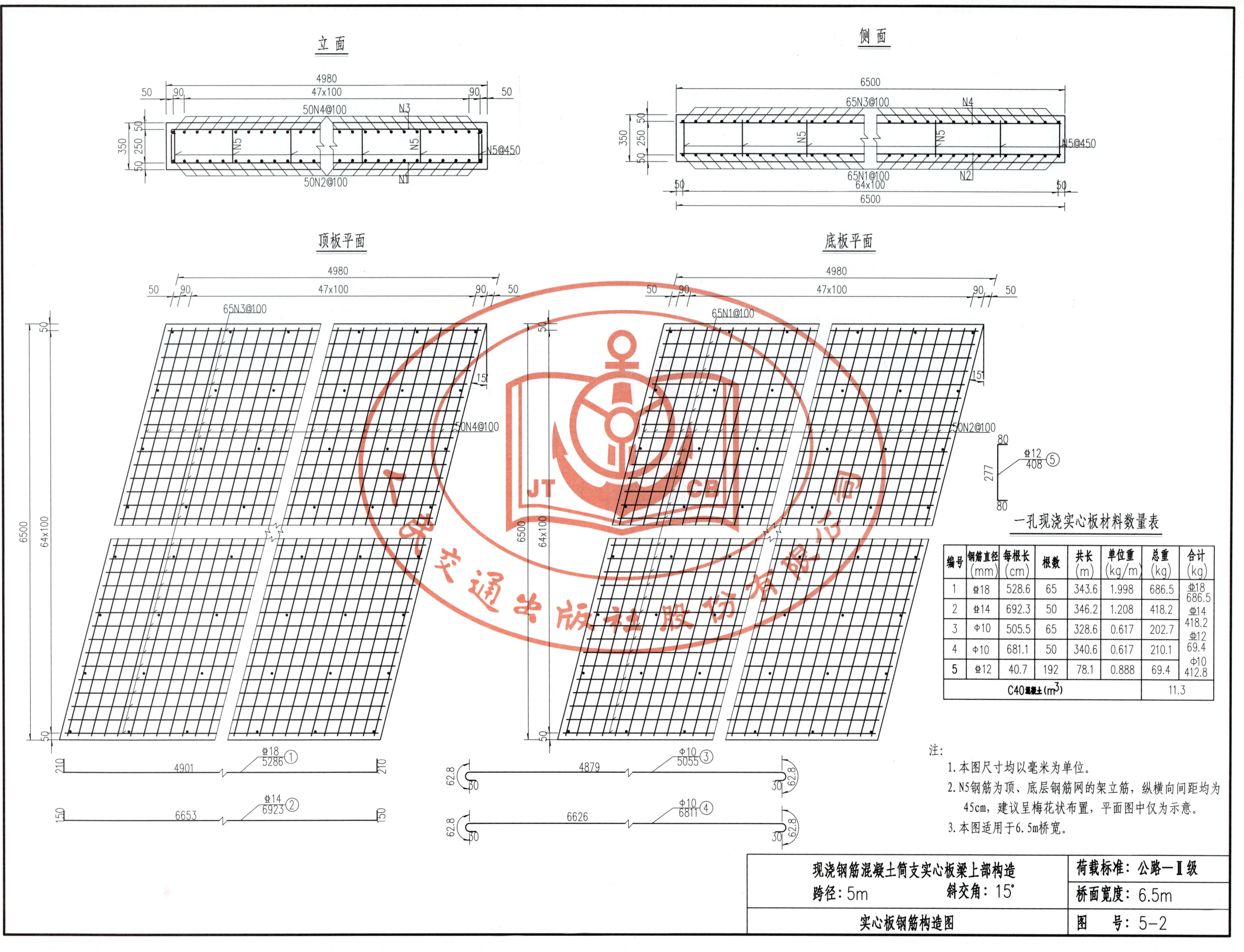

一孔现浇实心板材料数量表

编号	钢筋直径(mm)	每根长(cm)	根数	共长(m)	单位重(kg/m)	总重(kg)	合计(kg)
1	Φ18	528.6	65	343.6	1.998	686.5	Φ18 686.5
2	Φ14	692.3	50	346.2	1.208	418.2	Φ14 418.2
3	φ10	505.5	65	328.6	0.617	202.7	Φ12 69.4
4	φ10	681.1	50	340.6	0.617	210.1	φ10 412.8
5	Φ12	40.7	192	78.1	0.888	69.4	
C40混凝土(m^3)						11.3	

注：

1. 本图尺寸均以毫米为单位。
2. N5钢筋为顶、底层钢筋网的架立筋，纵横向间距均为45cm，建议呈梅花状布置，平面图中仅为示意。
3. 本图适用于6.5m桥宽。

现浇钢筋混凝土简支实心板梁上部构造 跨径：5m　斜交角：15°	荷载标准：公路—Ⅱ级 桥面宽度：6.5m
实心板钢筋构造图	图　号：5-2

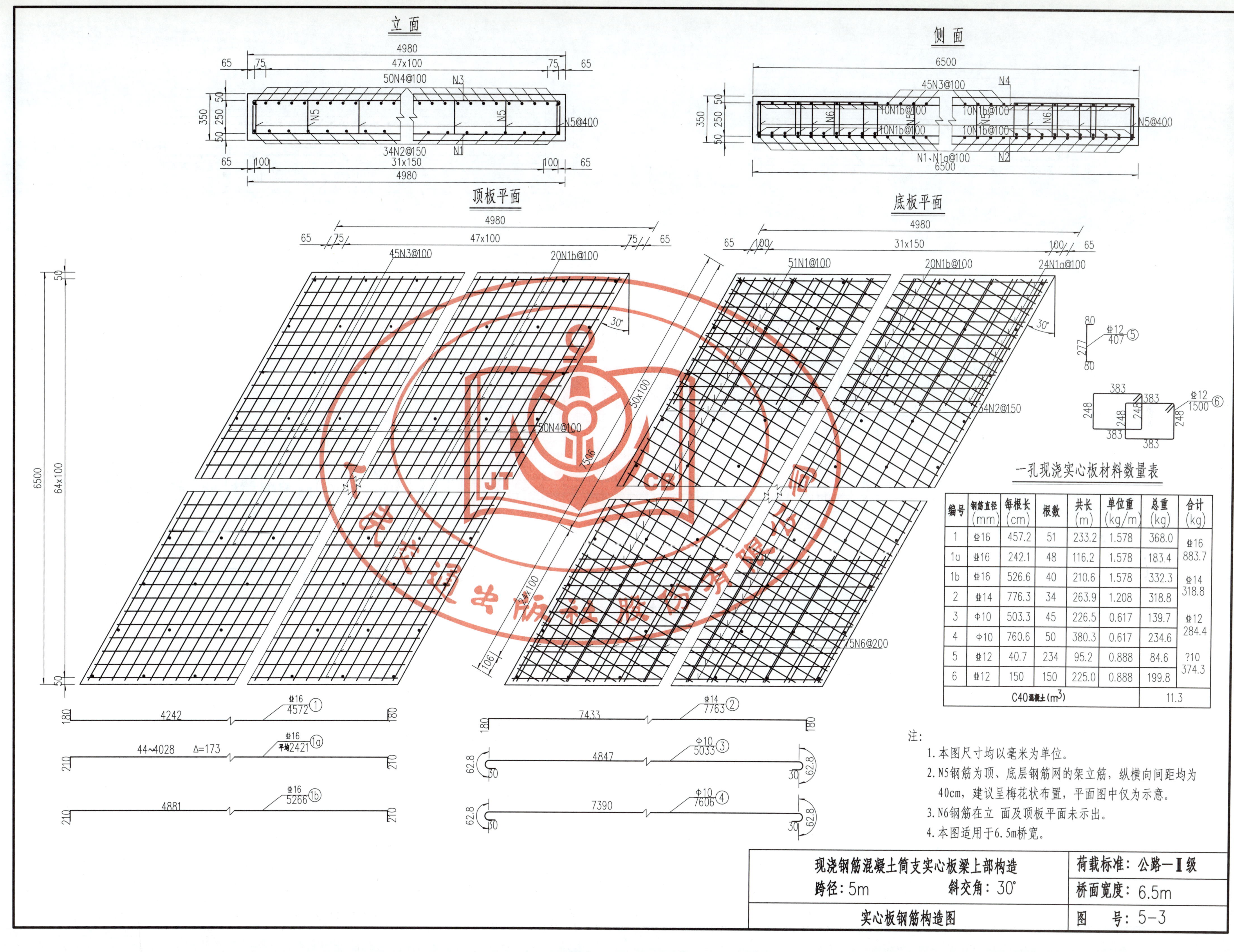

一孔现浇实心板材料数量表

编号	钢筋直径(mm)	每根长(cm)	根数	共长(m)	单位重(kg/m)	总重(kg)	合计(kg)
1	Φ16	457.2	51	233.2	1.578	368.0	Φ16 883.7
1a	Φ16	242.1	48	116.2	1.578	183.4	
1b	Φ16	526.6	40	210.6	1.578	332.3	Φ14 318.8
2	Φ14	776.3	34	263.9	1.208	318.8	
3	Φ10	503.3	45	226.5	0.617	139.7	Φ12 284.4
4	Φ10	760.6	50	380.3	0.617	234.6	
5	Φ12	40.7	234	95.2	0.888	84.6	?10 374.3
6	Φ12	150	150	225.0	0.888	199.8	
C40混凝土(m³)						11.3	

注:

1. 本图尺寸均以毫米为单位。
2. N5钢筋为顶、底层钢筋网的架立筋，纵横向间距均为40cm，建议呈梅花状布置，平面图中仅为示意。
3. N6钢筋在立 面及顶板平面未示出。
4. 本图适用于6.5m桥宽。

现浇钢筋混凝土简支实心板梁上部构造 跨径：5m 斜交角：30°	荷载标准：公路—Ⅱ级
	桥面宽度：6.5m
实心板钢筋构造图	图　号：5-3

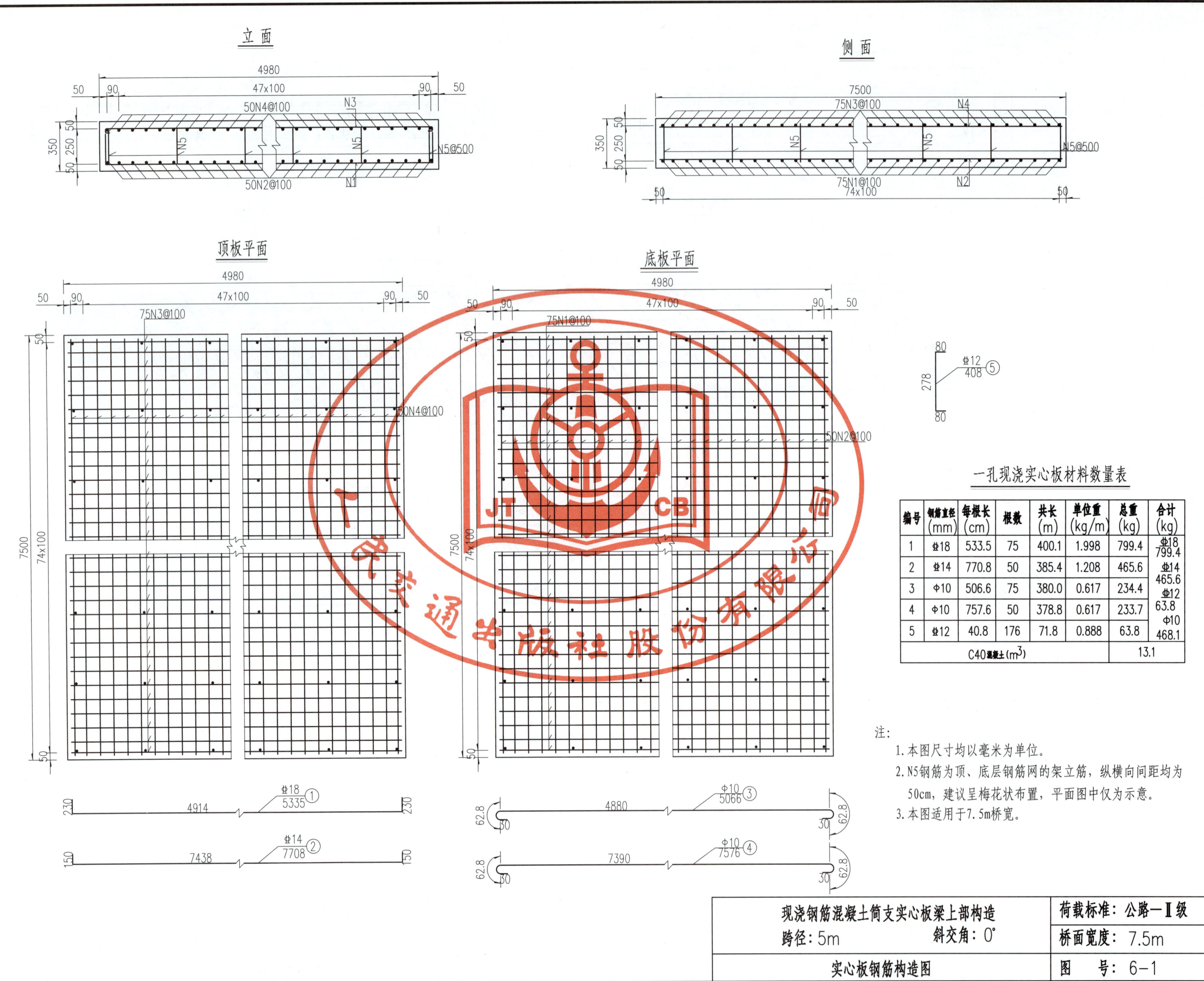

一孔现浇实心板材料数量表

编号	钢筋直径(mm)	每根长(cm)	根数	共长(m)	单位重(kg/m)	总重(kg)	合计(kg)
1	Φ18	533.5	75	400.1	1.998	799.4	Φ18 799.4
2	Φ14	770.8	50	385.4	1.208	465.6	Φ14 465.6
3	Φ10	506.6	75	380.0	0.617	234.4	Φ12 63.8
4	Φ10	757.6	50	378.8	0.617	233.7	Φ10 468.1
5	Φ12	40.8	176	71.8	0.888	63.8	
C40混凝土(m^3)						13.1	

注：

1. 本图尺寸均以毫米为单位。
2. N5钢筋为顶、底层钢筋网的架立筋，纵横向间距均为50cm，建议呈梅花状布置，平面图中仅为示意。
3. 本图适用于7.5m桥宽。

现浇钢筋混凝土简支实心板梁上部构造 跨径：5m　　斜交角：0°	荷载标准：公路—Ⅱ级 桥面宽度：7.5m
实心板钢筋构造图	图　号：6-1

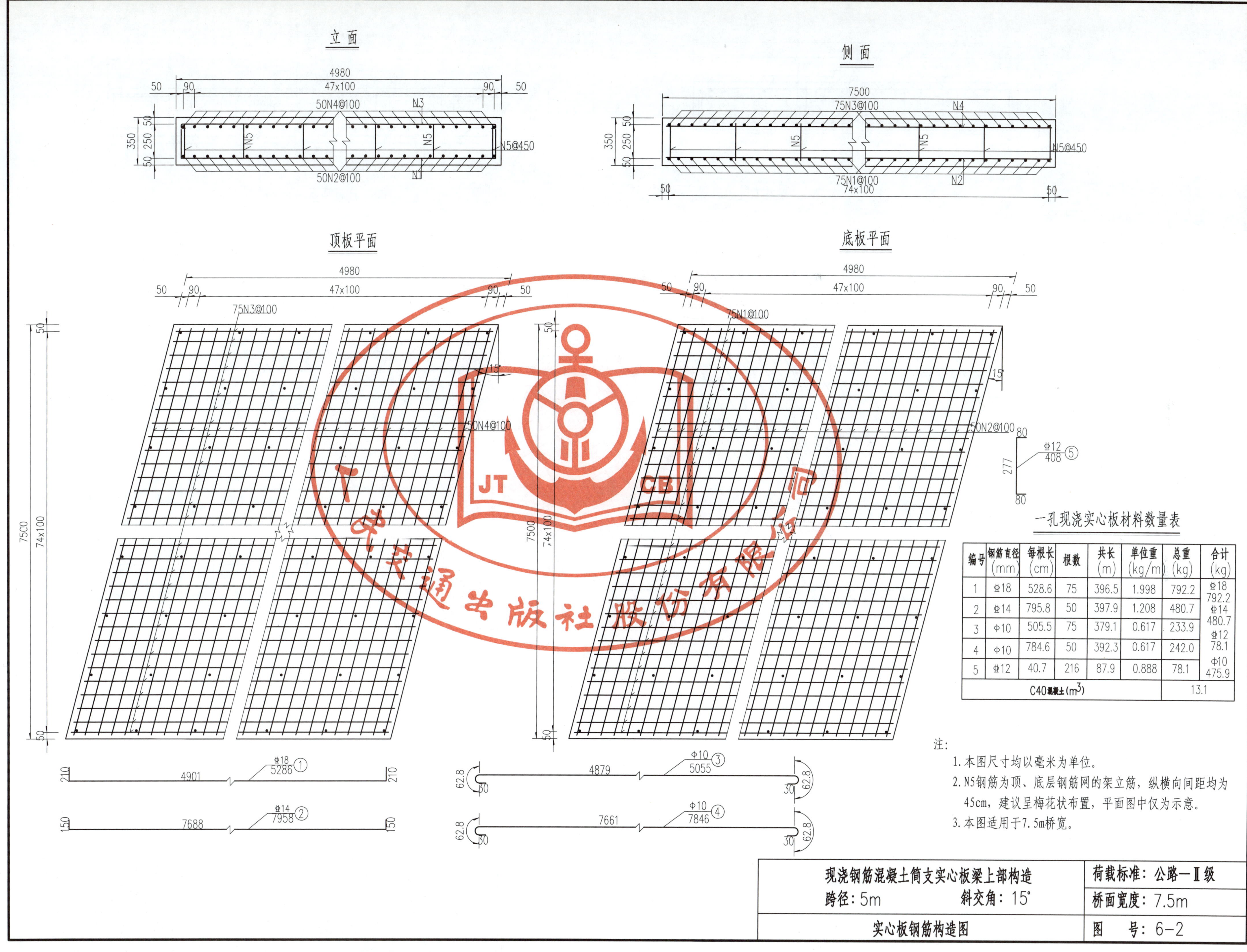

一孔现浇实心板材料数量表

编号	钢筋直径(mm)	每根长(cm)	根数	共长(m)	单位重(kg/m)	总重(kg)	合计(kg)
1	Φ18	528.6	75	396.5	1.998	792.2	Φ18 792.2
2	Φ14	795.8	50	397.9	1.208	480.7	Φ14 480.7
3	Φ10	505.5	75	379.1	0.617	233.9	Φ12 78.1
4	Φ10	784.6	50	392.3	0.617	242.0	Φ10 475.9
5	Φ12	40.7	216	87.9	0.888	78.1	
C40混凝土(m^3)						13.1	

注：

1. 本图尺寸均以毫米为单位。
2. N5钢筋为顶、底层钢筋网的架立筋，纵横向间距均为45cm，建议呈梅花状布置，平面图中仅为示意。
3. 本图适用于7.5m桥宽。

现浇钢筋混凝土简支实心板梁上部构造 跨径：5m　　斜交角：15°	荷载标准：公路—Ⅱ级 桥面宽度：7.5m
实心板钢筋构造图	图　号：6-2

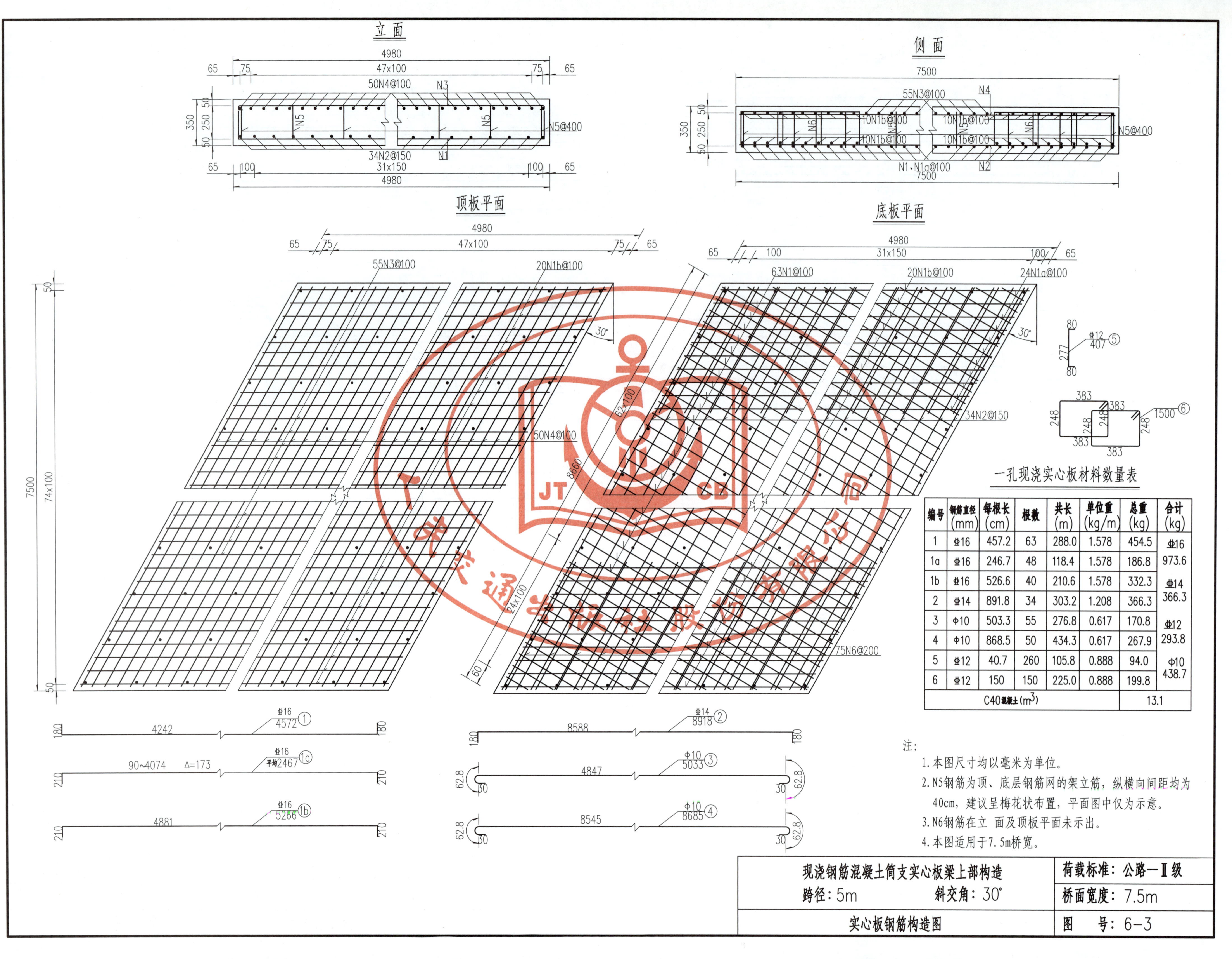

一孔现浇实心板材料数量表

编号	钢筋直径(mm)	每根长(cm)	根数	共长(m)	单位重(kg/m)	总重(kg)	合计(kg)
1	Φ16	457.2	63	288.0	1.578	454.5	Φ16 973.6
1a	Φ16	246.7	48	118.4	1.578	186.8	
1b	Φ16	526.6	40	210.6	1.578	332.3	Φ14 366.3
2	Φ14	891.8	34	303.2	1.208	366.3	
3	Φ10	503.3	55	276.8	0.617	170.8	Φ12 293.8
4	Φ10	868.5	50	434.3	0.617	267.9	
5	Φ12	40.7	260	105.8	0.888	94.0	Φ10 438.7
6	Φ12	150	150	225.0	0.888	199.8	
C40混凝土(m^3)						13.1	

注：

1. 本图尺寸均以毫米为单位。
2. N5钢筋为顶、底层钢筋网的架立筋，纵横向间距均为40cm，建议呈梅花状布置，平面图中仅为示意。
3. N6钢筋在立 面及顶板平面未示出。
4. 本图适用于7.5m桥宽。

现浇钢筋混凝土简支实心板梁上部构造		荷载标准：公路—Ⅱ级
跨径：5m	斜交角：30°	桥面宽度：7.5m
实心板钢筋构造图		图 号：6-3

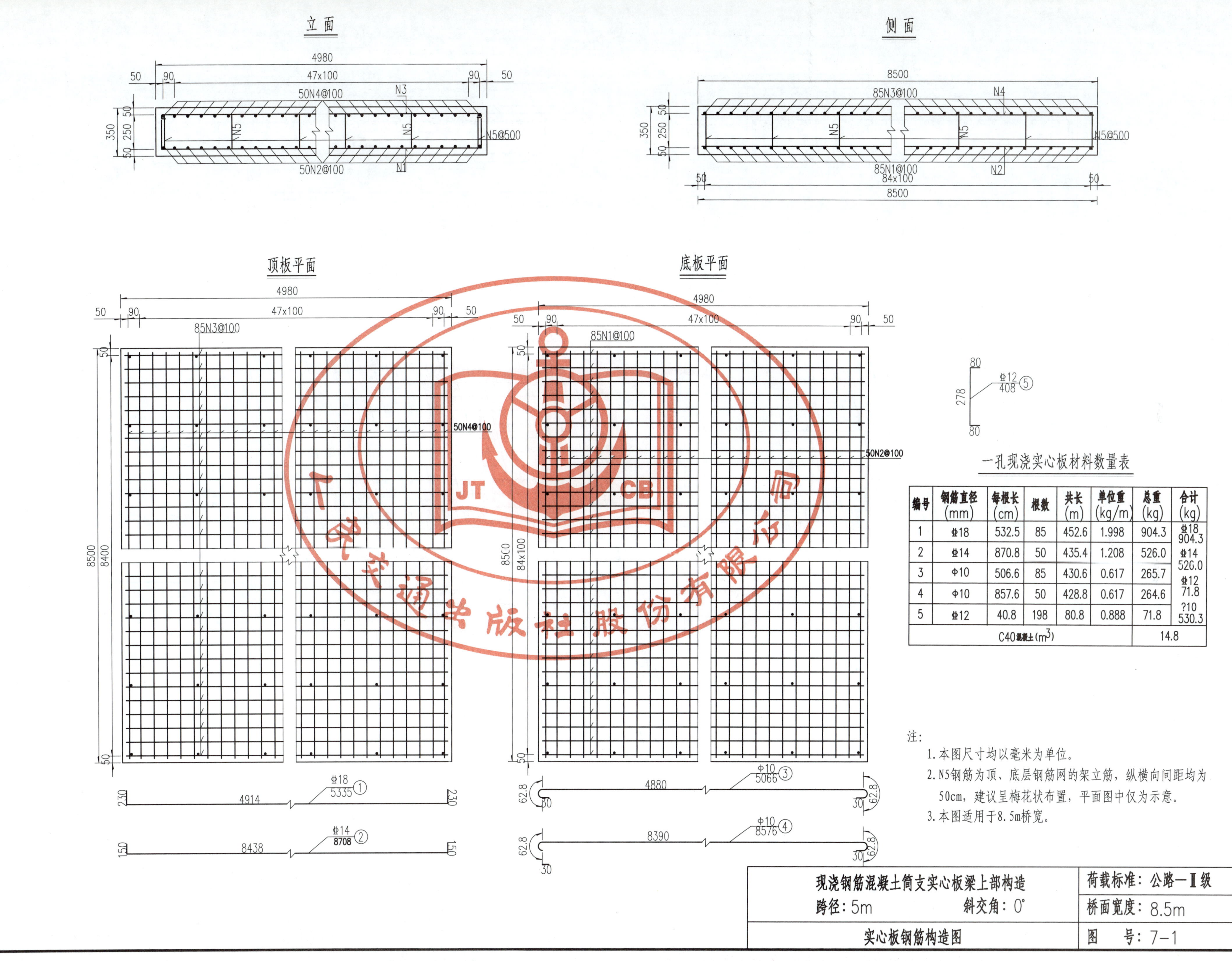

一孔现浇实心板材料数量表

编号	钢筋直径(mm)	每根长(cm)	根数	共长(m)	单位重(kg/m)	总重(kg)	合计(kg)
1	Φ18	532.5	85	452.6	1.998	904.3	Φ18 904.3
2	Φ14	870.8	50	435.4	1.208	526.0	Φ14 526.0
3	Φ10	506.6	85	430.6	0.617	265.7	Φ12 71.8
4	Φ10	857.6	50	428.8	0.617	264.6	
5	Φ12	40.8	198	80.8	0.888	71.8	?10 530.3
C40混凝土(m^3)						14.8	

注：

1. 本图尺寸均以毫米为单位。
2. N5钢筋为顶、底层钢筋网的架立筋，纵横向间距均为50cm，建议呈梅花状布置，平面图中仅为示意。
3. 本图适用于8.5m桥宽。

现浇钢筋混凝土筒支实心板梁上部构造 跨径：5m　　斜交角：0°	荷载标准：公路—Ⅱ级 桥面宽度：8.5m
实心板钢筋构造图	图　号：7-1

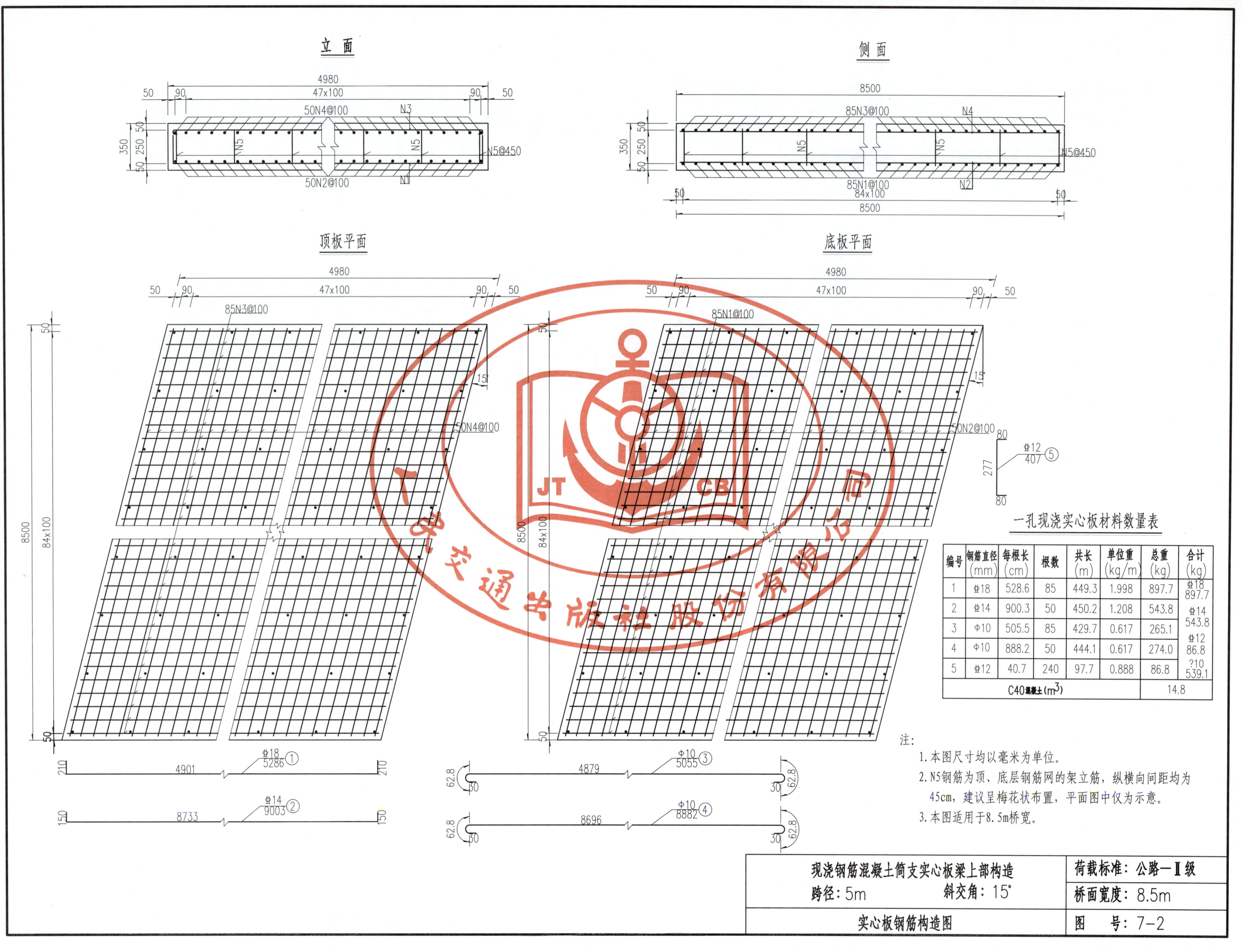

一孔现浇实心板材料数量表

编号	钢筋直径 (mm)	每根长 (cm)	根数	共长 (m)	单位重 (kg/m)	总重 (kg)	合计 (kg)
1	Φ18	528.6	85	449.3	1.998	897.7	Φ18 897.7
2	Φ14	900.3	50	450.2	1.208	543.8	Φ14 543.8
3	Φ10	505.5	85	429.7	0.617	265.1	
4	Φ10	888.2	50	444.1	0.617	274.0	Φ12 86.8
5	Φ12	40.7	240	97.7	0.888	86.8	?10 539.1
C40混凝土 (m^3)						14.8	

注：

1. 本图尺寸均以毫米为单位。
2. N5钢筋为顶、底层钢筋网的架立筋，纵横向间距均为45cm，建议呈梅花状布置，平面图中仅为示意。
3. 本图适用于8.5m桥宽。

现浇钢筋混凝土筒支实心板梁上部构造 跨径：5m 斜交角：15°	荷载标准：公路—Ⅱ级 桥面宽度：8.5m
实心板钢筋构造图	图 号：7-2

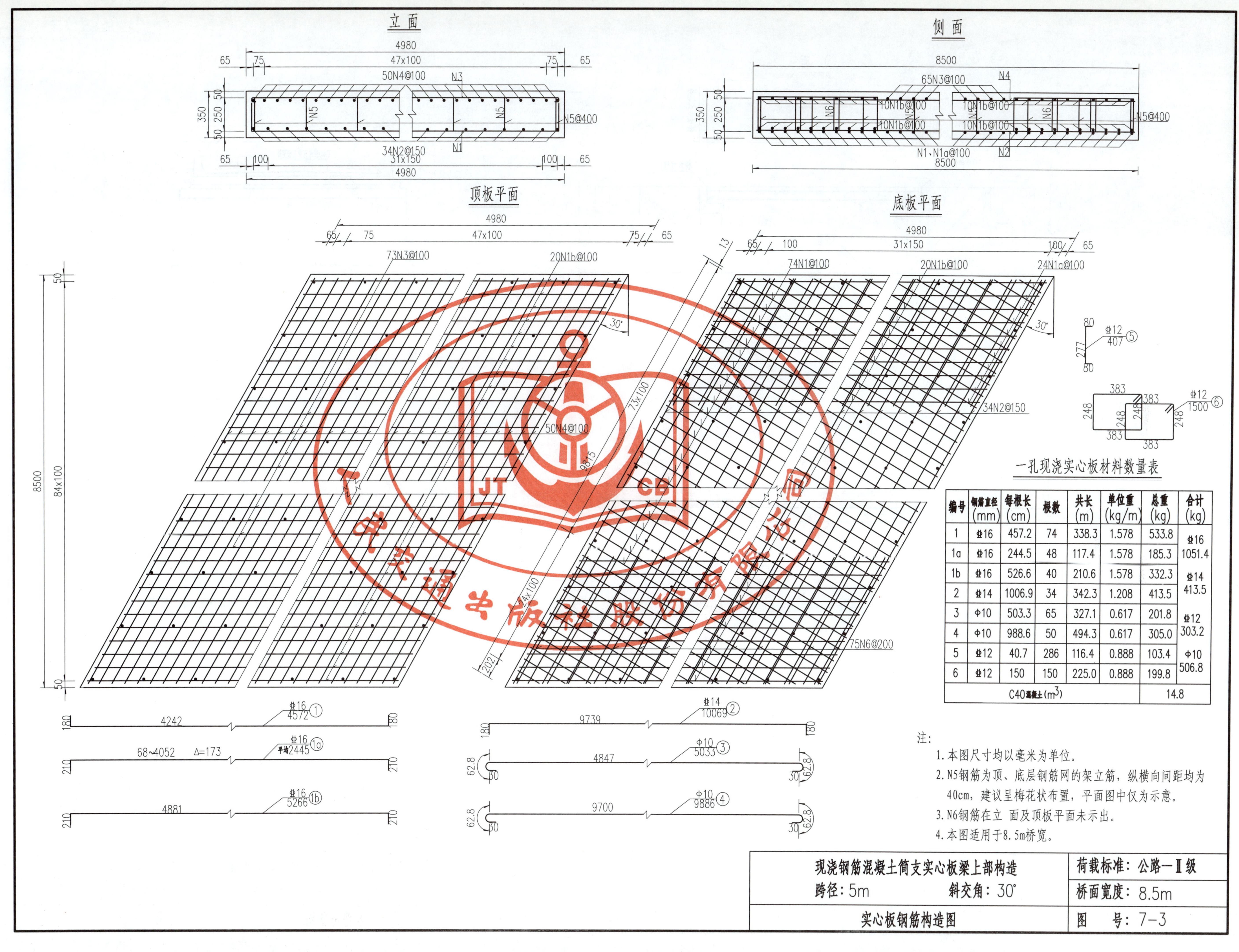

一孔现浇实心板材料数量表

编号	钢筋直径(mm)	每根长(cm)	根数	共长(m)	单位重(kg/m)	总重(kg)	合计(kg)
1	⏀16	457.2	74	338.3	1.578	533.8	⏀16 1051.4
1a	⏀16	244.5	48	117.4	1.578	185.3	
1b	⏀16	526.6	40	210.6	1.578	332.3	
2	⏀14	1006.9	34	342.3	1.208	413.5	⏀14 413.5
3	Φ10	503.3	65	327.1	0.617	201.8	⏀12 303.2
4	Φ10	988.6	50	494.3	0.617	305.0	
5	⏀12	40.7	286	116.4	0.888	103.4	Φ10 506.8
6	⏀12	150	150	225.0	0.888	199.8	
C40混凝土(m^3)						14.8	

注：

1. 本图尺寸均以毫米为单位。
2. N5钢筋为顶、底层钢筋网的架立筋，纵横向间距均为40cm，建议呈梅花状布置，平面图中仅为示意。
3. N6钢筋在立 面及顶板平面未示出。
4. 本图适用于8.5m桥宽。

现浇钢筋混凝土简支实心板梁上部构造 跨径：5m 斜交角：30°	荷载标准：公路—Ⅱ级
	桥面宽度：8.5m
实心板钢筋构造图	图 号：7-3

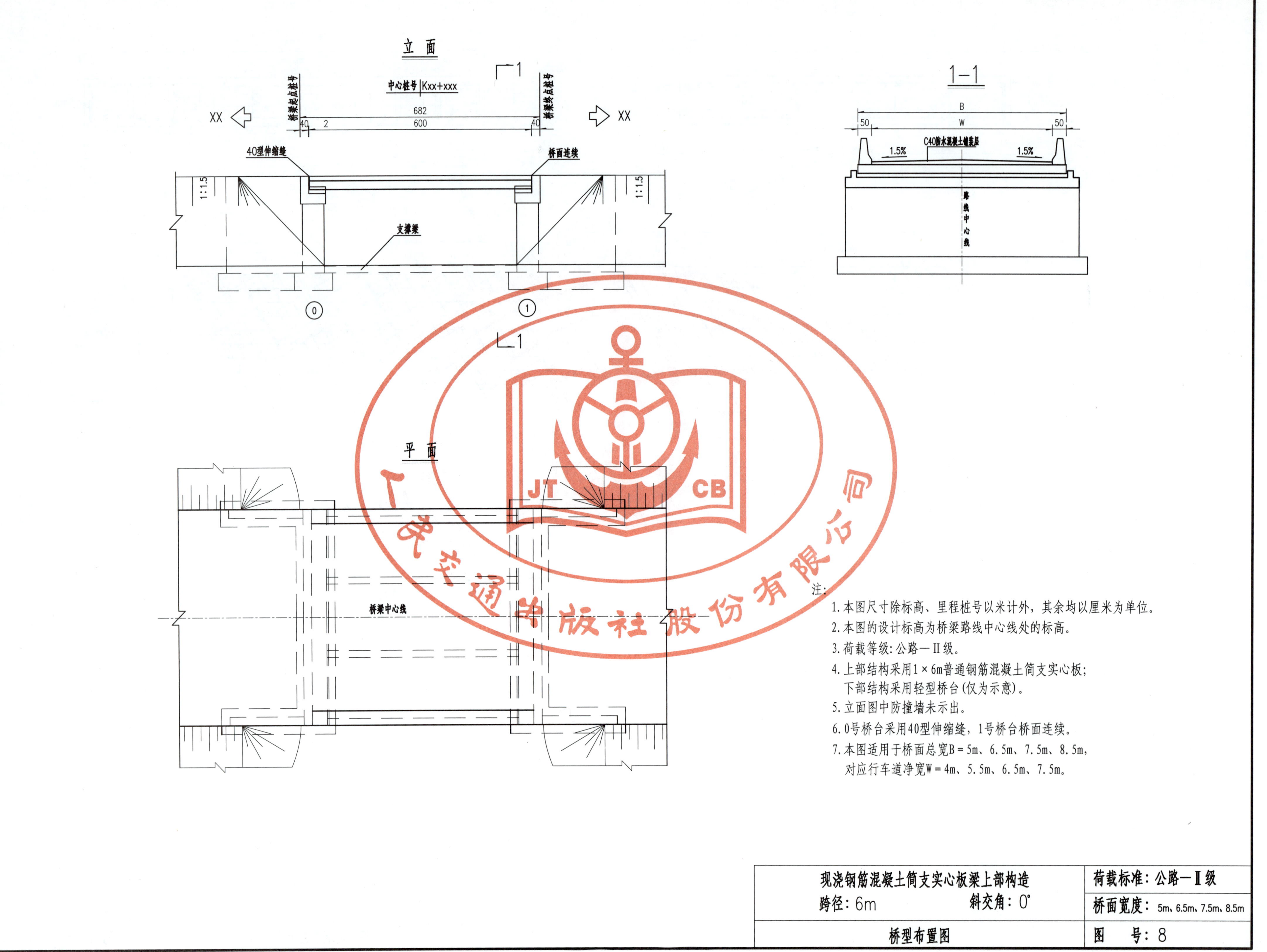

立 面
中心桩号 Kxx+xxx
桥梁起点桩号
桥梁终点桩号
XX
682
40
2
600
40
40型伸缩缝
桥面连续
1:1.5
支撑梁
0
1
1—1
B
50
W
C40防水混凝土铺装层
1.5%
路线中心线
平 面
桥梁中心线
注:
1. 本图尺寸除标高、里程桩号以米计外，其余均以厘米为单位。
2. 本图的设计标高为桥梁路线中心线处的标高。
3. 荷载等级: 公路—Ⅱ级。
4. 上部结构采用1×6m普通钢筋混凝土简支实心板;
下部结构采用轻型桥台(仅为示意)。
5. 立面图中防撞墙未示出。
6. 0号桥台采用40型伸缩缝，1号桥台桥面连续。
7. 本图适用于桥面总宽B＝5m、6.5m、7.5m、8.5m,
对应行车道净宽W＝4m、5.5m、6.5m、7.5m。
现浇钢筋混凝土简支实心板梁上部构造
跨径: 6m
斜交角: 0°
荷载标准: 公路—Ⅱ级
桥面宽度: 5m、6.5m、7.5m、8.5m
桥型布置图
图 号: 8

跨径6m现浇钢筋混凝土简支板数量表

桥宽	材料 \ 交角		0°	15°	30°
5m	混凝土 (m³)	C40	11.96	11.96	11.95
	HPB300钢筋 (kg)	Φ10	374.8	381.2	328.2
	HRB400钢筋 (kg)	Φ12	68.5	84.8	365.3
		Φ14			298.5
		Φ16	493.9	510.3	
		Φ18			1145.8
		Φ20	783.4	783.2	
		Φ22			
		Φ25			
7.5m	混凝土 (m³)	C40	17.94	17.94	17.93
	HPB300钢筋 (kg)	Φ10	560.7	570.2	528.3
	HRB400钢筋 (kg)	Φ12	97.0	130.4	416.4
		Φ14			441.5
		Φ16	730.9	755.7	
		Φ18			1462.4
		Φ20	1175	1174.8	
		Φ22			
		Φ25			

桥宽	材料 \ 交角		0°	15°	30°
6.5m	混凝土 (m³)	C40	15.55	15.55	15.54
	HPB300钢筋 (kg)	Φ10	486.3	494.6	448.3
	HRB400钢筋 (kg)	Φ12	85.6	110.8	394.5
		Φ14			384.3
		Φ16	636.1	657.6	
		Φ18			1336.4
		Φ20	1018.2	1018.2	
		Φ22			
		Φ25			
8.5m	混凝土 (m³)	C40	20.33	20.33	20.32
	HPB300钢筋 (kg)	Φ10	635	645.8	608.3
	HRB400钢筋 (kg)	Φ12	114.1	143.5	438.4
		Φ14			498.7
		Φ16	825.7	854.0	
		Φ18			1590
		Φ20	1331.6	1331.4	
		Φ22			
		Φ25			

现浇钢筋混凝土简支实心板梁上部构造 跨径：6m 斜交角：0°、15°、30°	荷载标准：公路—Ⅱ级 桥面宽度：5m、6.5m、7.5m、8.5m
一孔现浇实心板材料数量总表	图 号：9

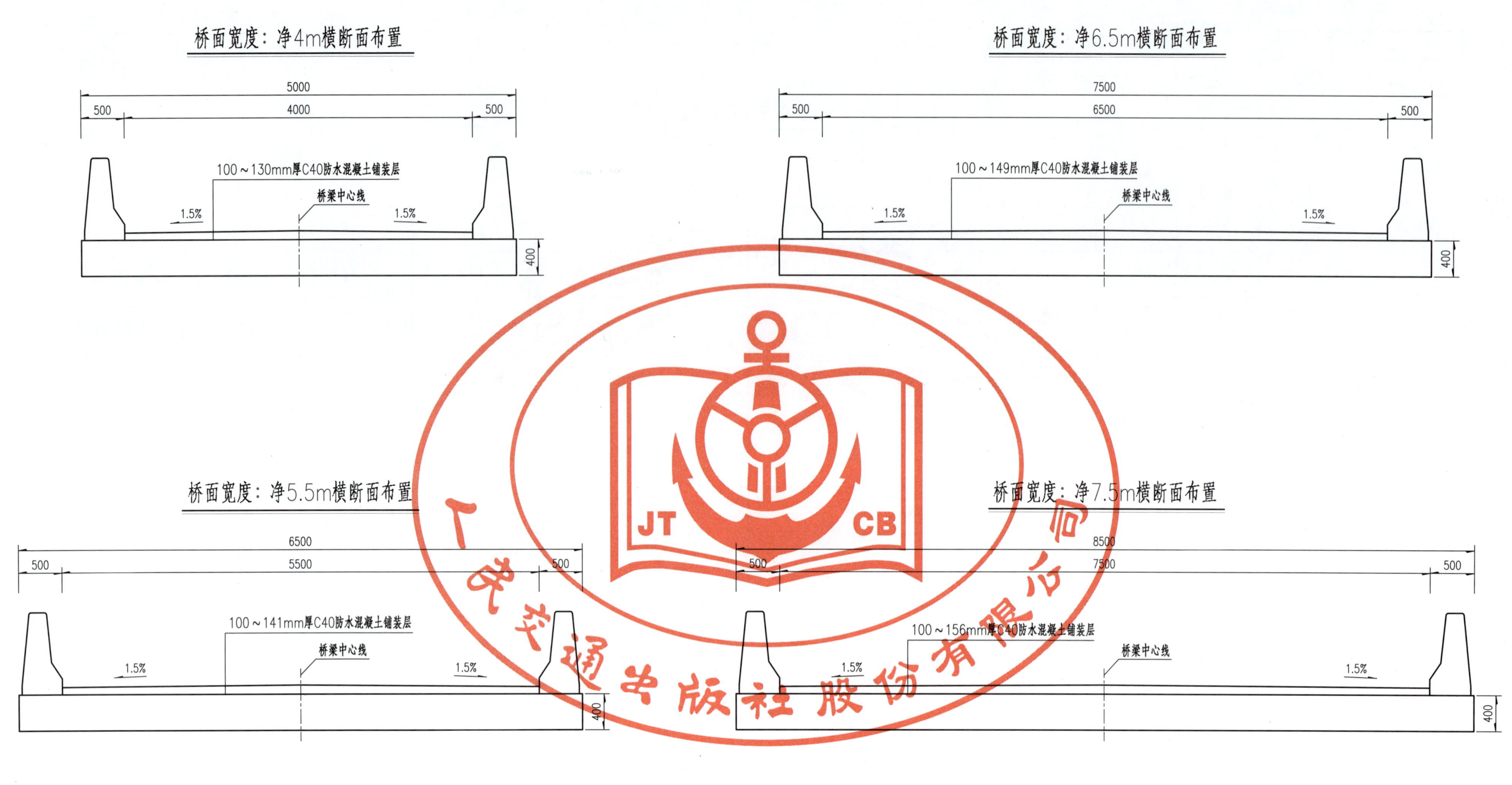

注：

1. 本图尺寸均以毫米为单位。
2. 桥面横坡由桥面铺装调节形成，防撞墙内侧边缘处铺装厚度为120mm。

现浇钢筋混凝土简支实心板梁上部构造 跨径：6m　斜交角：0°、15°、30°	荷载标准：公路—Ⅱ级 桥面宽度：5m、6.5m、7.5m、8.5m
标准横断面	图　号：10

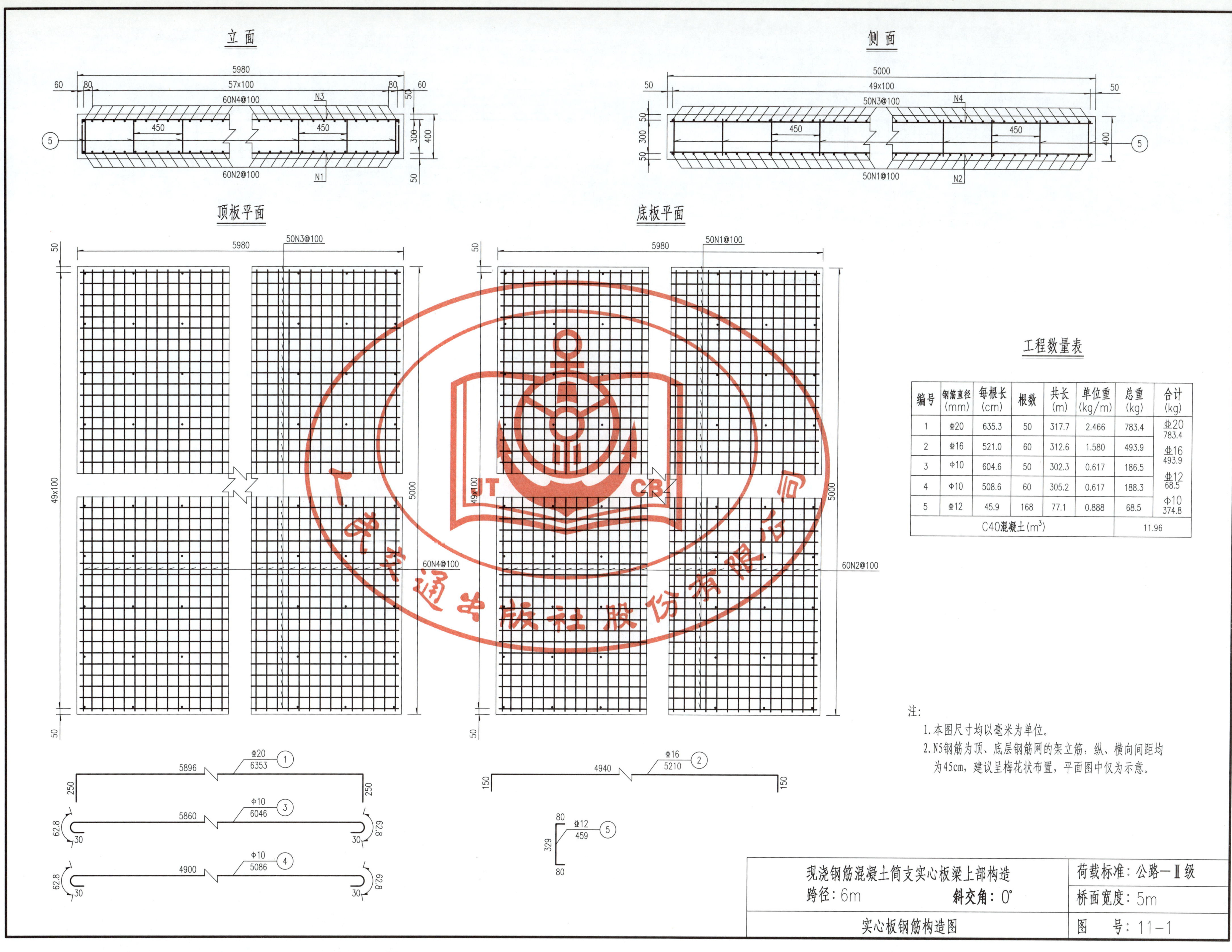

工程数量表

编号	钢筋直径 (mm)	每根长 (cm)	根数	共长 (m)	单位重 (kg/m)	总重 (kg)	合计 (kg)
1	Φ20	635.3	50	317.7	2.466	783.4	Φ20 783.4
2	Φ16	521.0	60	312.6	1.580	493.9	Φ16 493.9
3	Φ10	604.6	50	302.3	0.617	186.5	
4	Φ10	508.6	60	305.2	0.617	188.3	Φ12 68.5
5	Φ12	45.9	168	77.1	0.888	68.5	Φ10 374.8
C40混凝土(m^3)						11.96	

注：

1. 本图尺寸均以毫米为单位。
2. N5钢筋为顶、底层钢筋网的架立筋，纵、横向间距均为45cm，建议呈梅花状布置，平面图中仅为示意。

现浇钢筋混凝土筒支实心板梁上部构造 跨径：6m　　斜交角：0°	荷载标准：公路—Ⅱ级
	桥面宽度：5m
实心板钢筋构造图	图　号：11—1

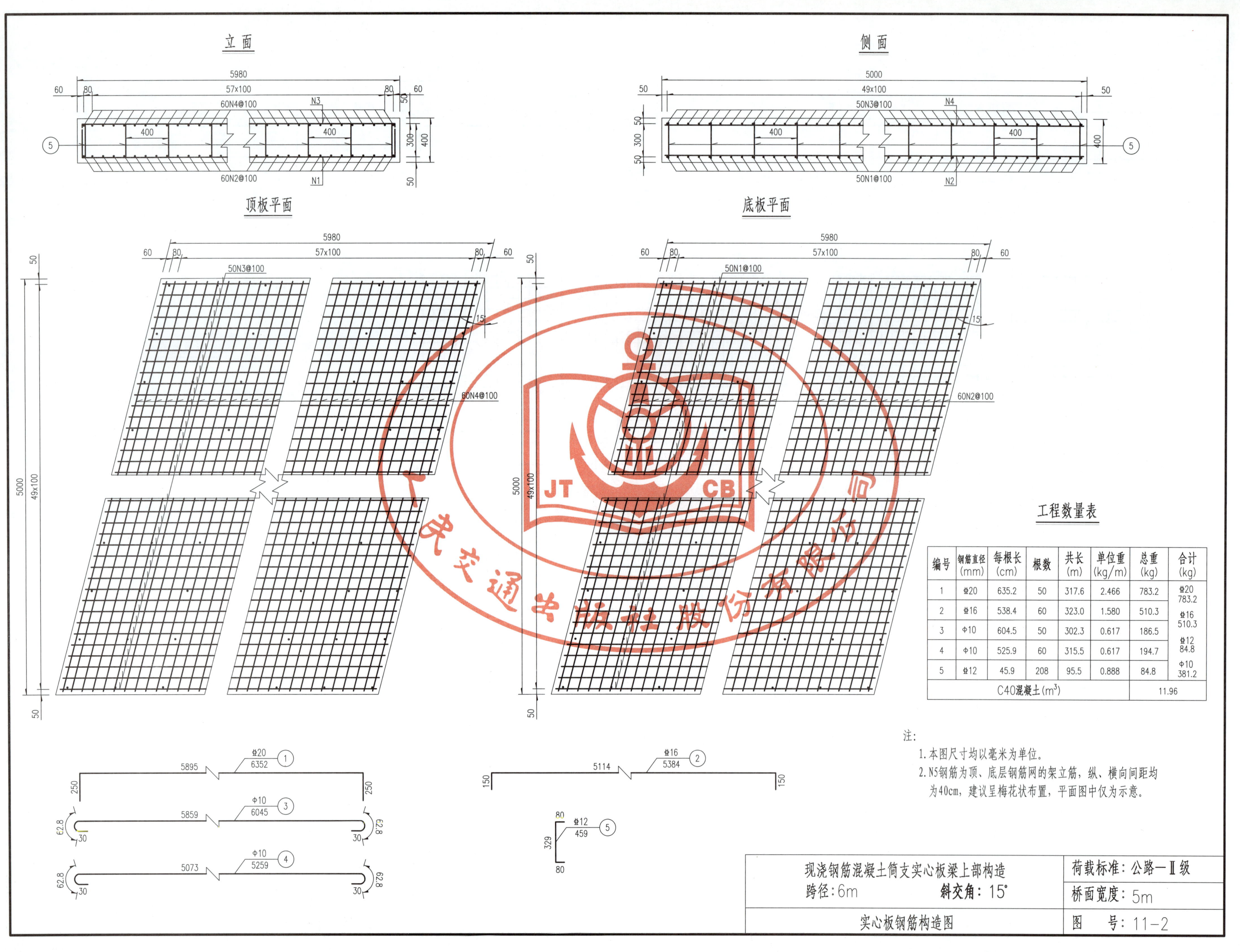

工程数量表

编号	钢筋直径 (mm)	每根长 (cm)	根数	共长 (m)	单位重 (kg/m)	总重 (kg)	合计 (kg)
1	Φ20	635.2	50	317.6	2.466	783.2	Φ20 783.2
2	Φ16	538.4	60	323.0	1.580	510.3	Φ16 510.3
3	Φ10	604.5	50	302.3	0.617	186.5	
4	Φ10	525.9	60	315.5	0.617	194.7	Φ12 84.8
5	Φ12	45.9	208	95.5	0.888	84.8	Φ10 381.2
C40混凝土(m^3)						11.96	

注：

1. 本图尺寸均以毫米为单位。
2. N5钢筋为顶、底层钢筋网的架立筋，纵、横向间距均为40cm，建议呈梅花状布置，平面图中仅为示意。

现浇钢筋混凝土简支实心板梁上部构造 跨径：6m 斜交角：15°	荷载标准：公路—Ⅱ级
	桥面宽度：5m
实心板钢筋构造图	图 号：11-2

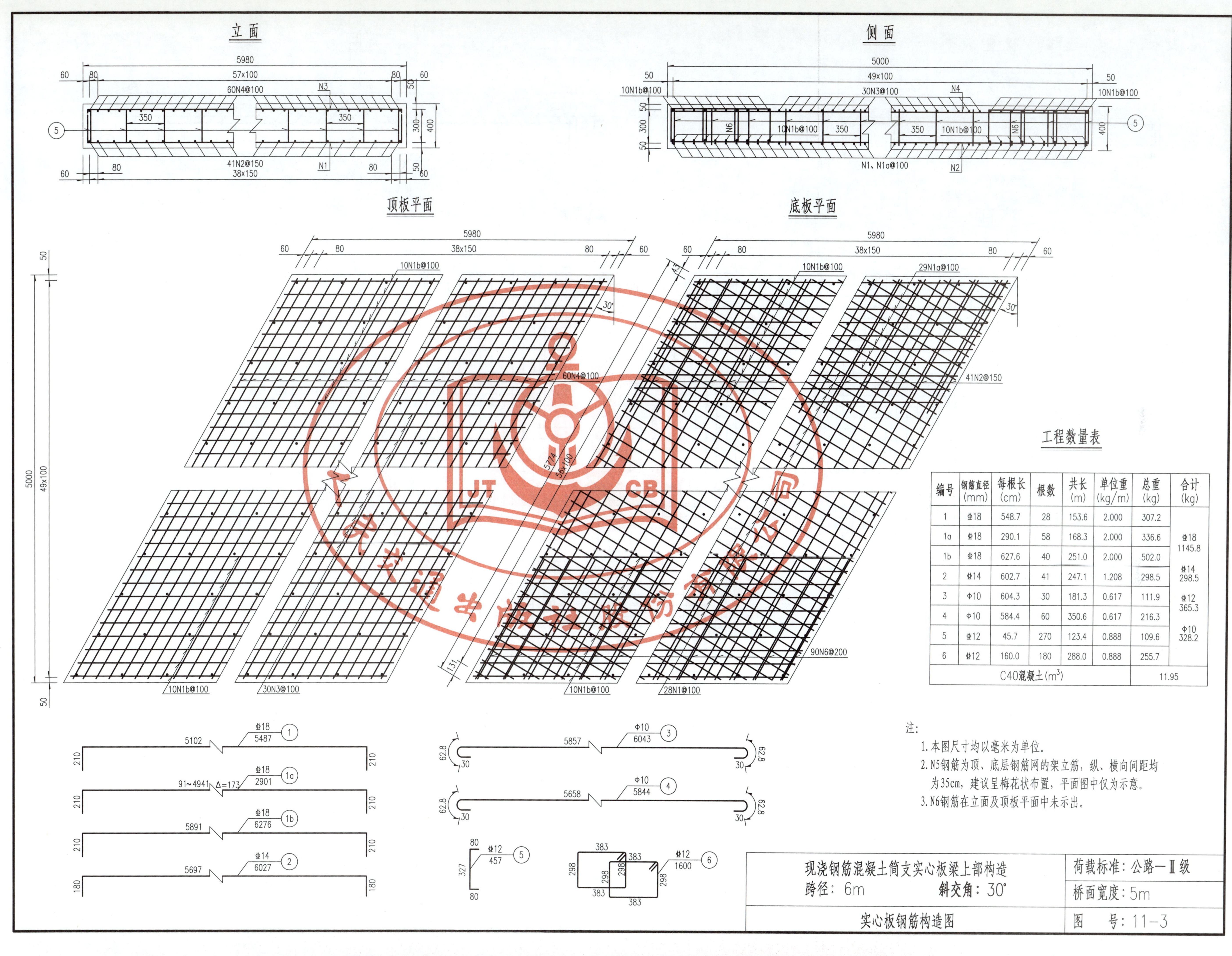

工程数量表

编号	钢筋直径(mm)	每根长(cm)	根数	共长(m)	单位重(kg/m)	总重(kg)	合计(kg)
1	Ф18	548.7	28	153.6	2.000	307.2	
1a	Ф18	290.1	58	168.3	2.000	336.6	Ф18 1145.8
1b	Ф18	627.6	40	251.0	2.000	502.0	
2	Ф14	602.7	41	247.1	1.208	298.5	Ф14 298.5
3	Φ10	604.3	30	181.3	0.617	111.9	Ф12 365.3
4	Φ10	584.4	60	350.6	0.617	216.3	
5	Ф12	45.7	270	123.4	0.888	109.6	Φ10 328.2
6	Ф12	160.0	180	288.0	0.888	255.7	
C40混凝土(m^3)						11.95	

注：

1. 本图尺寸均以毫米为单位。
2. N5钢筋为顶、底层钢筋网的架立筋，纵、横向间距均为35cm，建议呈梅花状布置，平面图中仅为示意。
3. N6钢筋在立面及顶板平面中未示出。

现浇钢筋混凝土简支实心板梁上部构造 跨径：6m　　斜交角：30°	荷载标准：公路—Ⅱ级 桥面宽度：5m
实心板钢筋构造图	图　号：11-3

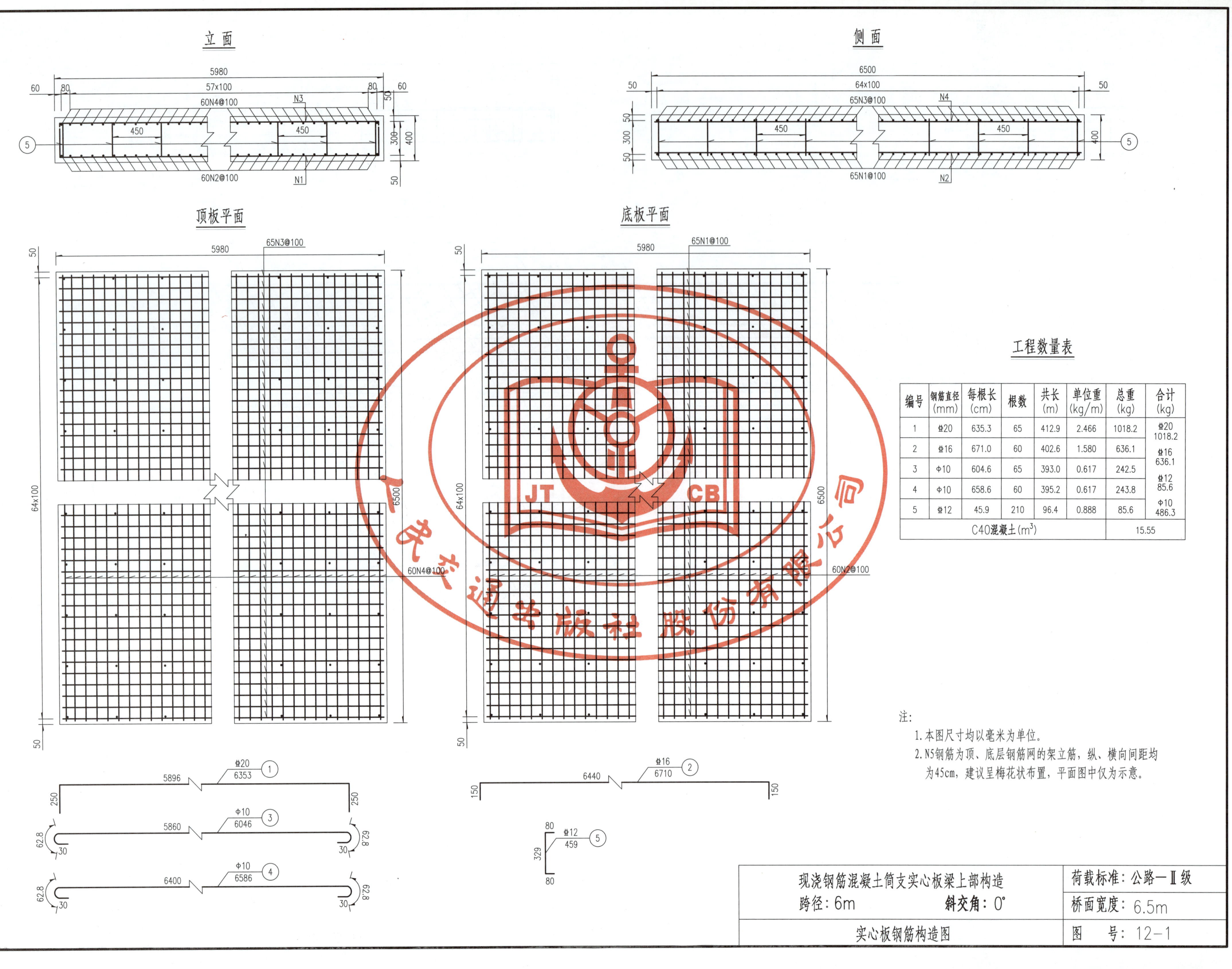

工程数量表

编号	钢筋直径 (mm)	每根长 (cm)	根数	共长 (m)	单位重 (kg/m)	总重 (kg)	合计 (kg)
1	Ф20	635.3	65	412.9	2.466	1018.2	Ф20 1018.2
2	Ф16	671.0	60	402.6	1.580	636.1	Ф16 636.1
3	Φ10	604.6	65	393.0	0.617	242.5	
4	Φ10	658.6	60	395.2	0.617	243.8	Ф12 85.6
5	Ф12	45.9	210	96.4	0.888	85.6	Φ10 486.3
C40混凝土(m^3)						15.55	

注:

1. 本图尺寸均以毫米为单位。
2. N5钢筋为顶、底层钢筋网的架立筋，纵、横向间距均为45cm，建议呈梅花状布置，平面图中仅为示意。

现浇钢筋混凝土简支实心板梁上部构造 跨径：6m　　斜交角：0°	荷载标准：公路—Ⅱ级 桥面宽度：6.5m
实心板钢筋构造图	图　号：12-1

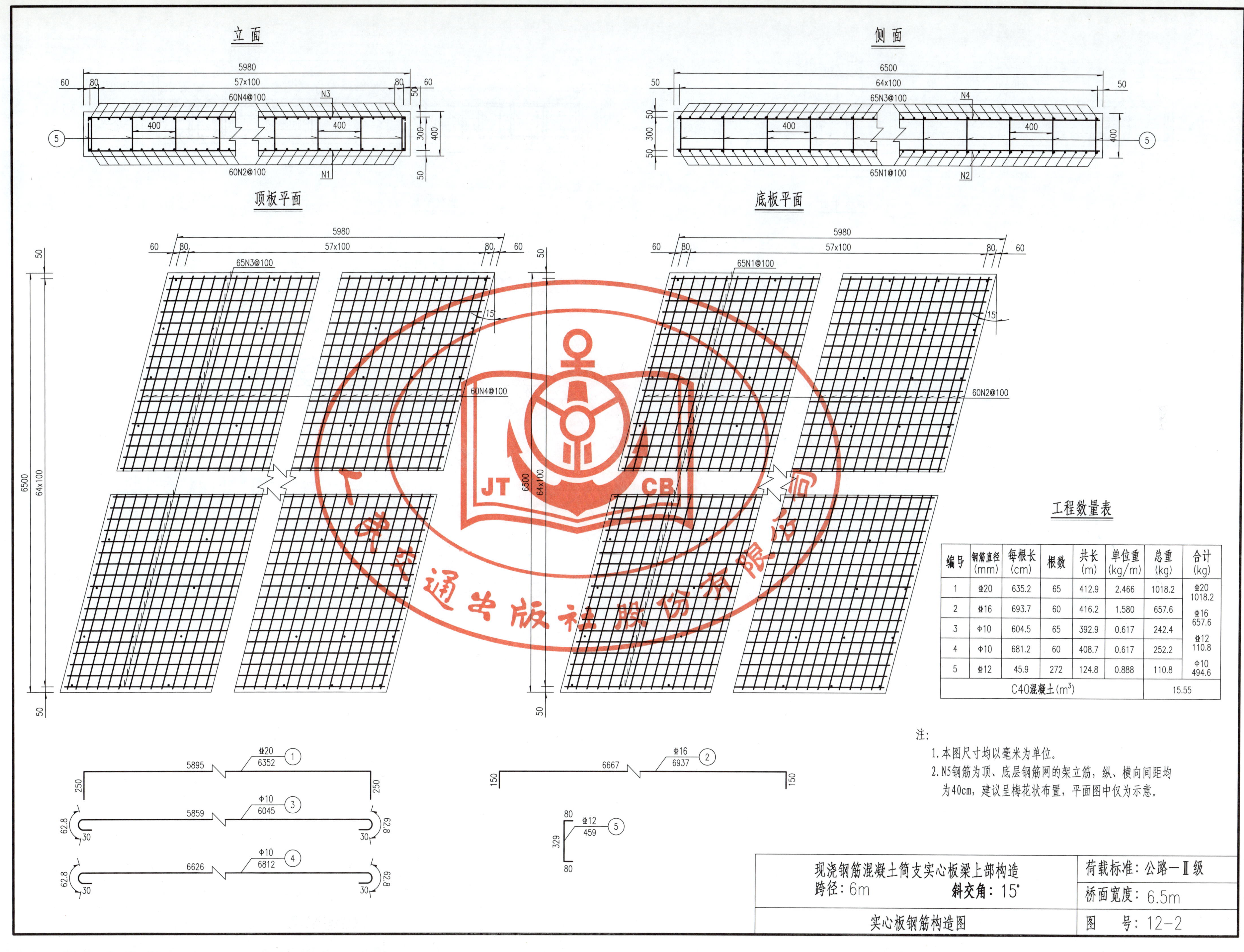

工程数量表

编号	钢筋直径(mm)	每根长(cm)	根数	共长(m)	单位重(kg/m)	总重(kg)	合计(kg)
1	Φ20	635.2	65	412.9	2.466	1018.2	Φ20 1018.2
2	Φ16	693.7	60	416.2	1.580	657.6	Φ16 657.6
3	Φ10	604.5	65	392.9	0.617	242.4	Φ12 110.8
4	Φ10	681.2	60	408.7	0.617	252.2	
5	Φ12	45.9	272	124.8	0.888	110.8	Φ10 494.6
C40混凝土(m^3)						15.55	

注:

1. 本图尺寸均以毫米为单位。
2. N5钢筋为顶、底层钢筋网的架立筋，纵、横向间距均为40cm，建议呈梅花状布置，平面图中仅为示意。

现浇钢筋混凝土简支实心板梁上部构造 跨径：6m　斜交角：15°	荷载标准：公路—Ⅱ级 桥面宽度：6.5m
实心板钢筋构造图	图　号：12-2

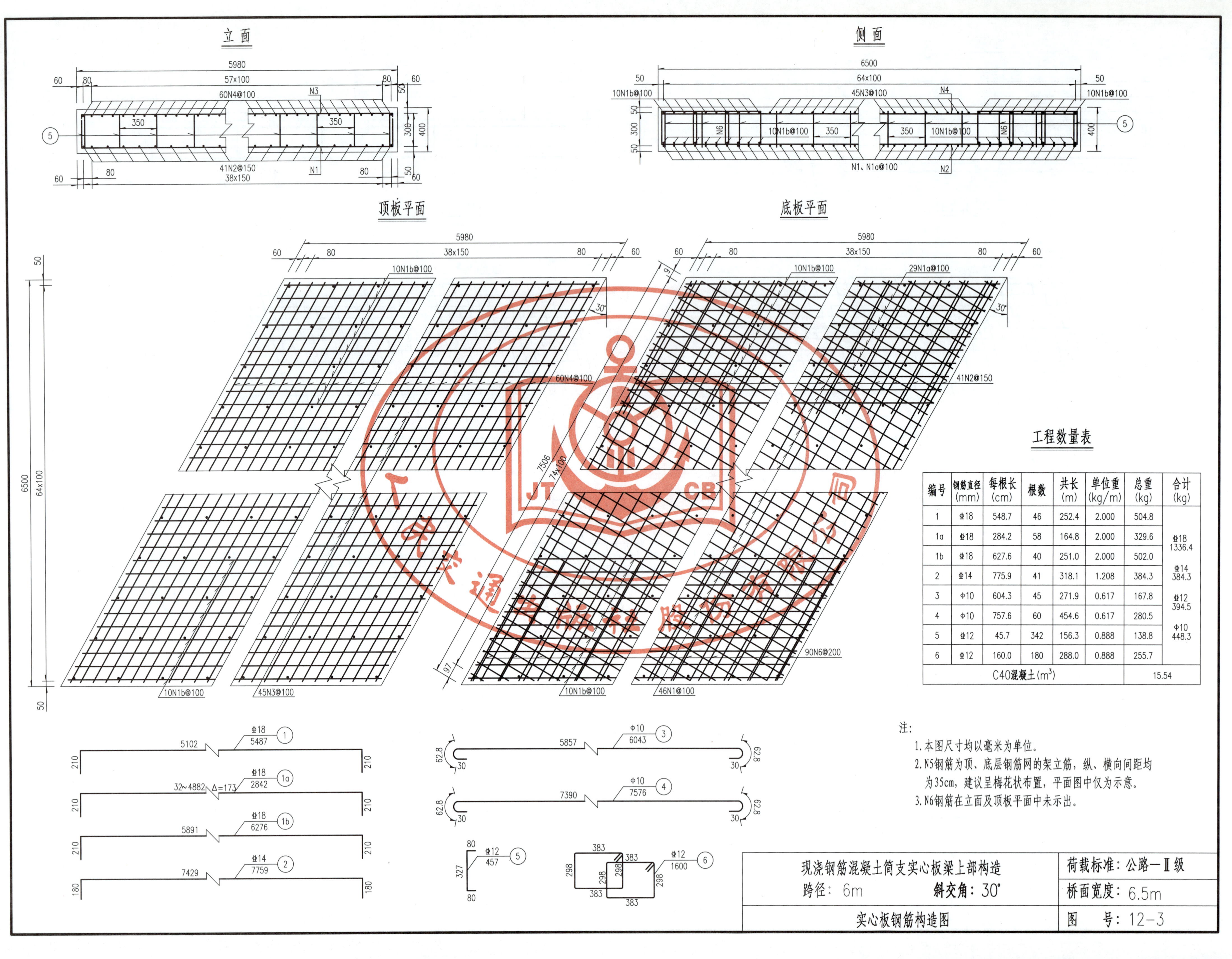

工程数量表

编号	钢筋直径(mm)	每根长(cm)	根数	共长(m)	单位重(kg/m)	总重(kg)	合计(kg)
1	⌀18	548.7	46	252.4	2.000	504.8	⌀18 1336.4
1a	⌀18	284.2	58	164.8	2.000	329.6	
1b	⌀18	627.6	40	251.0	2.000	502.0	
2	⌀14	775.9	41	318.1	1.208	384.3	⌀14 384.3
3	Φ10	604.3	45	271.9	0.617	167.8	⌀12 394.5
4	Φ10	757.6	60	454.6	0.617	280.5	
5	⌀12	45.7	342	156.3	0.888	138.8	Φ10 448.3
6	⌀12	160.0	180	288.0	0.888	255.7	
C40混凝土(m^3)						15.54	

注：

1. 本图尺寸均以毫米为单位。
2. N5钢筋为顶、底层钢筋网的架立筋，纵、横向间距均为35cm，建议呈梅花状布置，平面图中仅为示意。
3. N6钢筋在立面及顶板平面中未示出。

现浇钢筋混凝土简支实心板梁上部构造 跨径：6m 斜交角：30°	荷载标准：公路—Ⅱ级
	桥面宽度：6.5m
实心板钢筋构造图	图 号：12-3

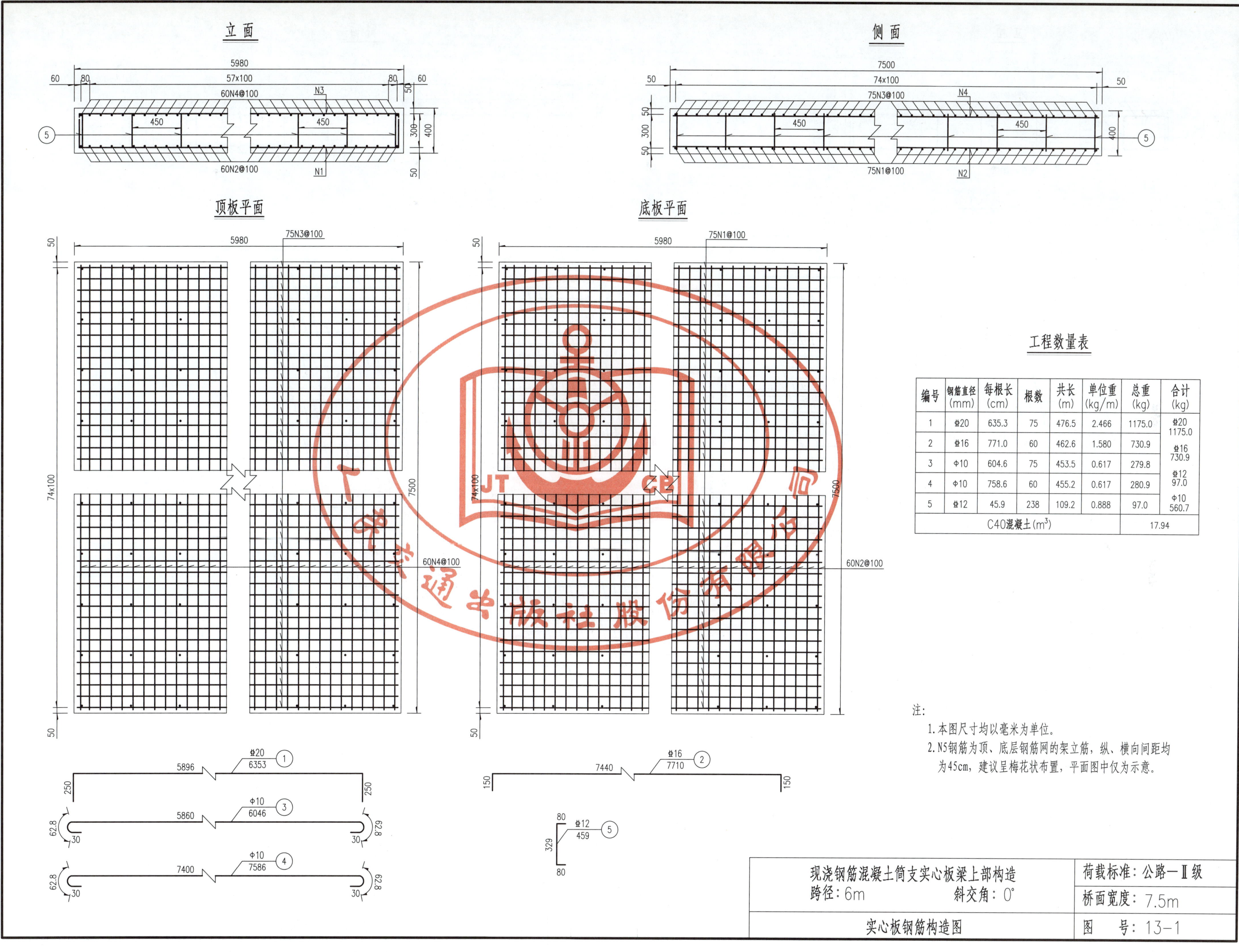

工程数量表

编号	钢筋直径 (mm)	每根长 (cm)	根数	共长 (m)	单位重 (kg/m)	总重 (kg)	合计 (kg)
1	Ф20	635.3	75	476.5	2.466	1175.0	Ф20 1175.0
2	Ф16	771.0	60	462.6	1.580	730.9	Ф16 730.9
3	Φ10	604.6	75	453.5	0.617	279.8	Ф12 97.0
4	Φ10	758.6	60	455.2	0.617	280.9	Φ10 560.7
5	Ф12	45.9	238	109.2	0.888	97.0	
C40混凝土(m^3)						17.94	

注：

1. 本图尺寸均以毫米为单位。
2. N5钢筋为顶、底层钢筋网的架立筋，纵、横向间距均为45cm，建议呈梅花状布置，平面图中仅为示意。

现浇钢筋混凝土简支实心板梁上部构造 跨径：6m　　斜交角：0°	荷载标准：公路—Ⅱ级 桥面宽度：7.5m
实心板钢筋构造图	图　号：13-1

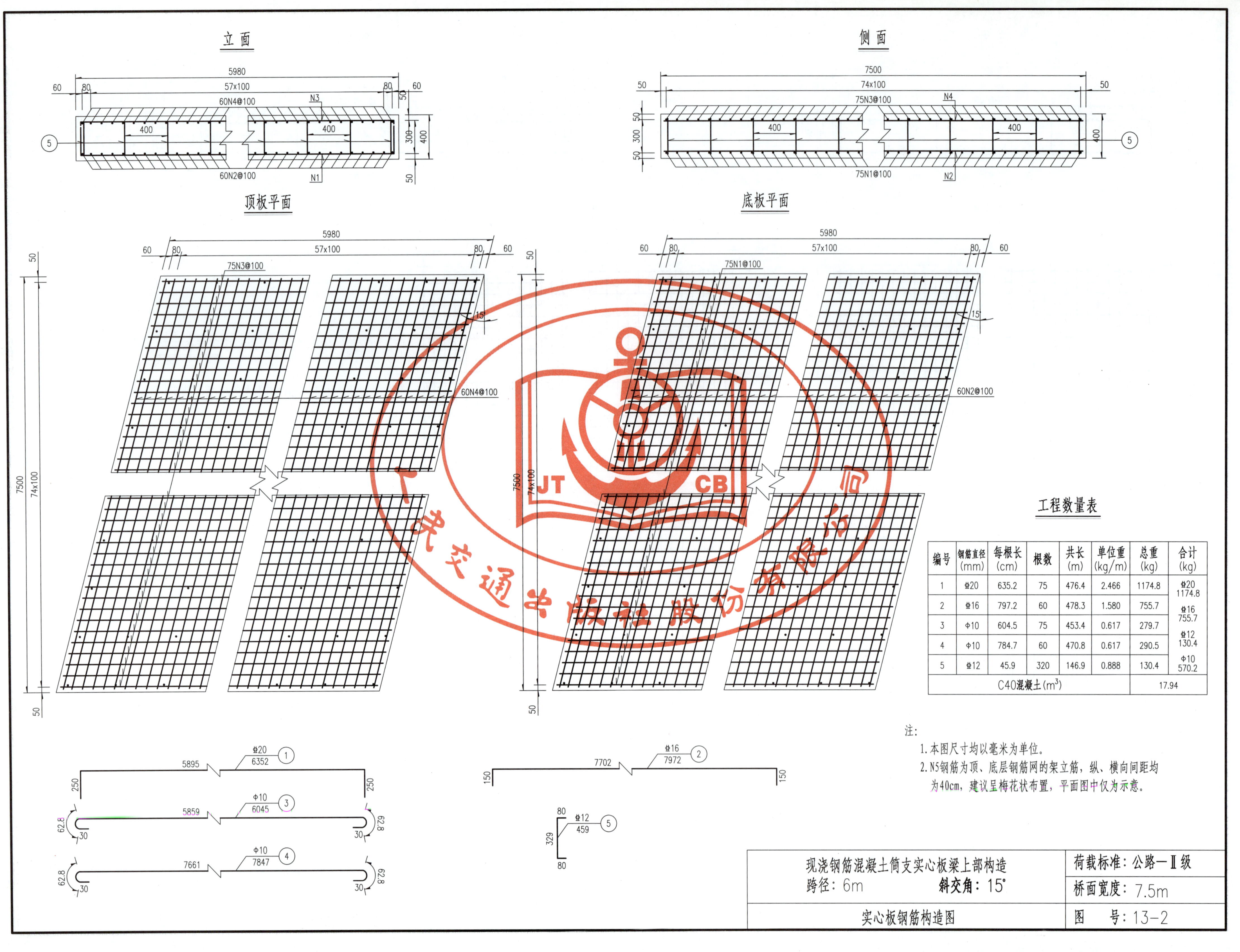

工程数量表

编号	钢筋直径 (mm)	每根长 (cm)	根数	共长 (m)	单位重 (kg/m)	总重 (kg)	合计 (kg)
1	Φ20	635.2	75	476.4	2.466	1174.8	Φ20 1174.8
2	Φ16	797.2	60	478.3	1.580	755.7	Φ16 755.7
3	Φ10	604.5	75	453.4	0.617	279.7	Φ12 130.4
4	Φ10	784.7	60	470.8	0.617	290.5	
5	Φ12	45.9	320	146.9	0.888	130.4	Φ10 570.2
C40混凝土(m^3)						17.94	

注：

1. 本图尺寸均以毫米为单位。
2. N5钢筋为顶、底层钢筋网的架立筋，纵、横向间距均为40cm，建议呈梅花状布置，平面图中仅为示意。

现浇钢筋混凝土简支实心板梁上部构造 跨径：6m　斜交角：15°	荷载标准：公路—Ⅱ级 桥面宽度：7.5m
实心板钢筋构造图	图　号：13-2

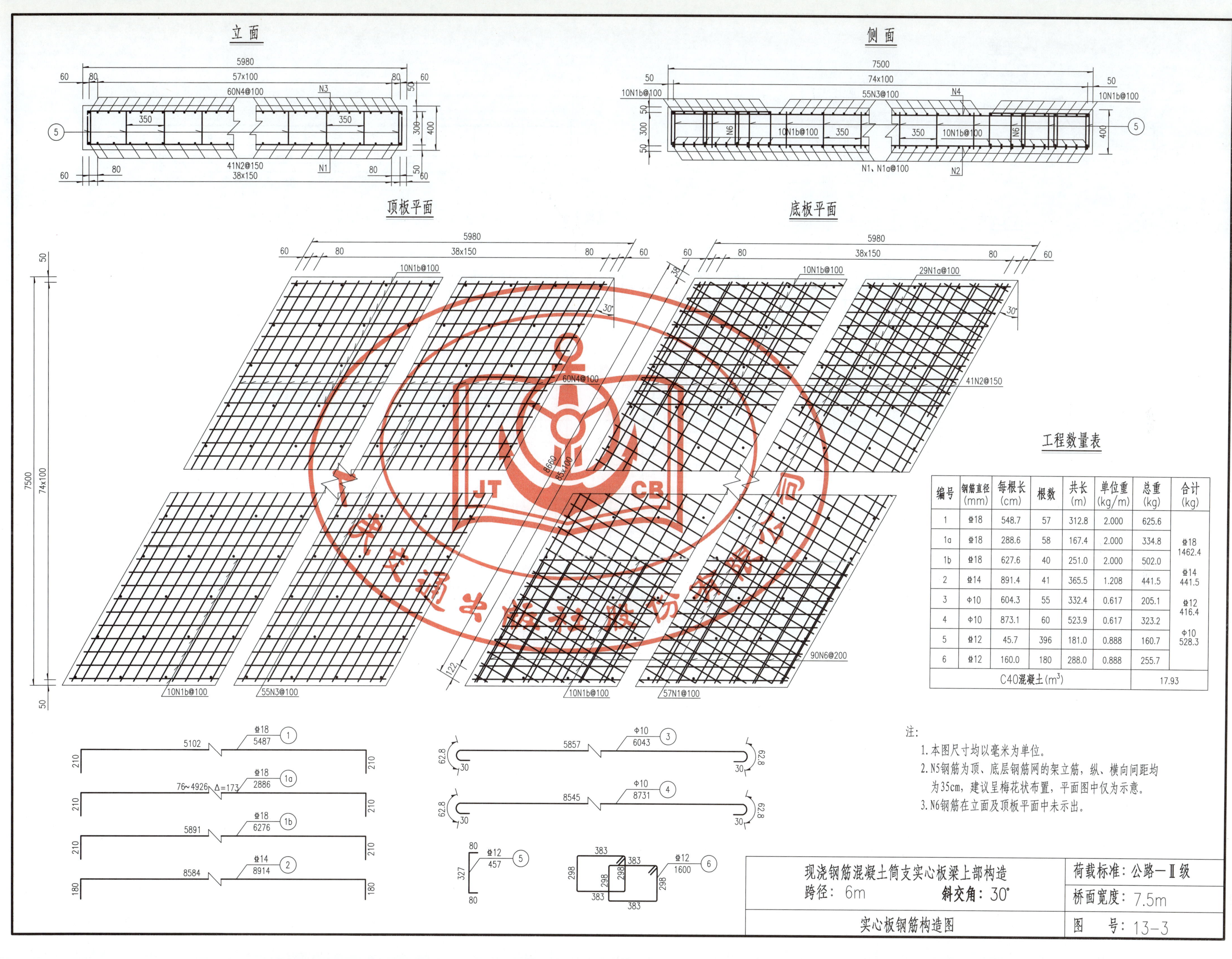

工程数量表

编号	钢筋直径 (mm)	每根长 (cm)	根数	共长 (m)	单位重 (kg/m)	总重 (kg)	合计 (kg)
1	Φ18	548.7	57	312.8	2.000	625.6	Φ18 1462.4
1a	Φ18	288.6	58	167.4	2.000	334.8	
1b	Φ18	627.6	40	251.0	2.000	502.0	
2	Φ14	891.4	41	365.5	1.208	441.5	Φ14 441.5
3	Φ10	604.3	55	332.4	0.617	205.1	Φ12 416.4
4	Φ10	873.1	60	523.9	0.617	323.2	
5	Φ12	45.7	396	181.0	0.888	160.7	Φ10 528.3
6	Φ12	160.0	180	288.0	0.888	255.7	
C40混凝土(m^3)						17.93	

注：

1. 本图尺寸均以毫米为单位。
2. N5钢筋为顶、底层钢筋网的架立筋，纵、横向间距均为35cm，建议呈梅花状布置，平面图中仅为示意。
3. N6钢筋在立面及顶板平面中未示出。

现浇钢筋混凝土简支实心板梁上部构造 跨径：6m　斜交角：30°	荷载标准：公路—Ⅱ级
	桥面宽度：7.5m
实心板钢筋构造图	图　号：13-3

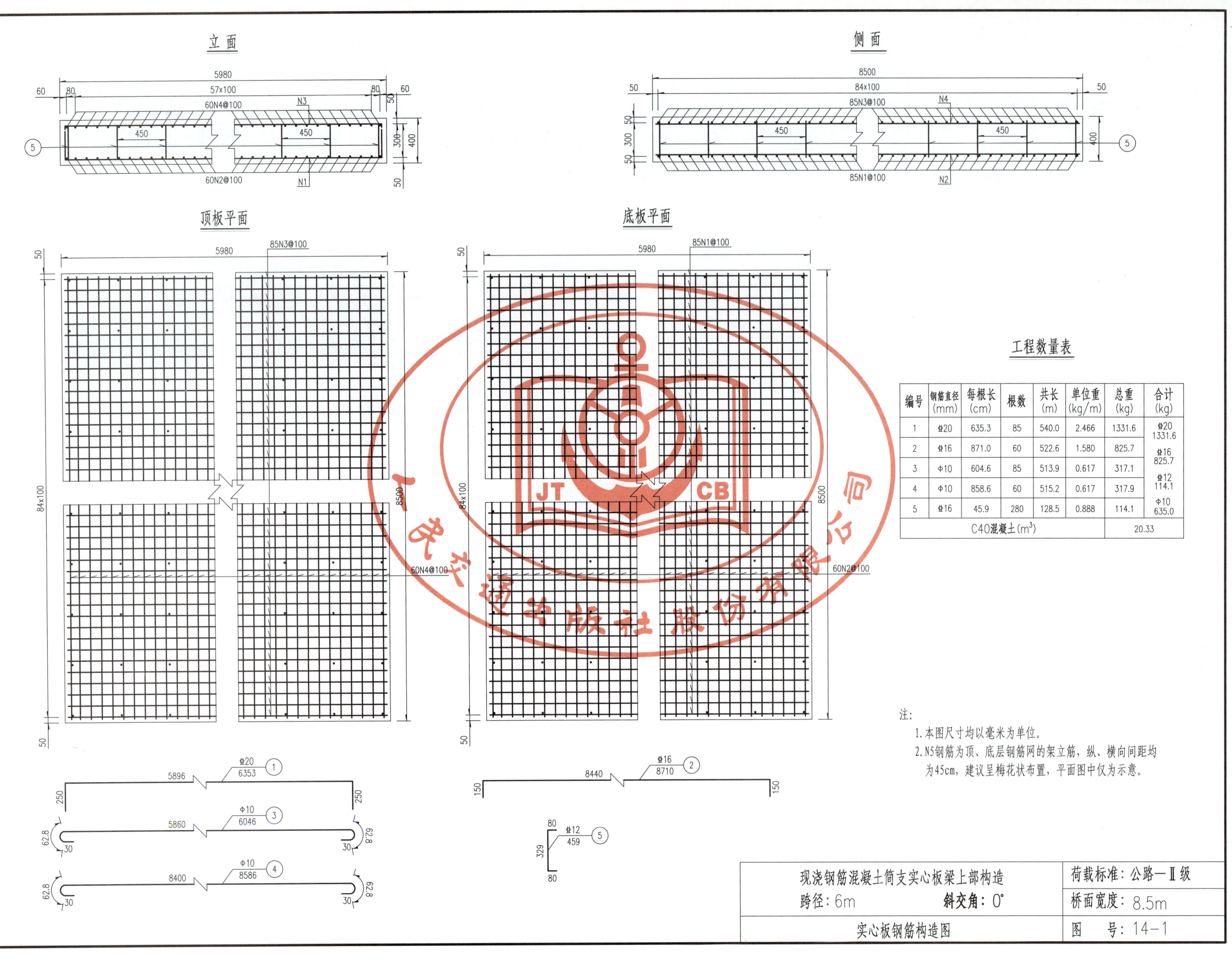

工程数量表

编号	钢筋直径 (mm)	每根长 (cm)	根数	共长 (m)	单位重 (kg/m)	总重 (kg)	合计 (kg)
1	Ф20	635.3	85	540.0	2.466	1331.6	Ф20 1331.6
2	Ф16	871.0	60	522.6	1.580	825.7	Ф16 825.7
3	Φ10	604.6	85	513.9	0.617	317.1	
4	Φ10	858.6	60	515.2	0.617	317.9	Ф12 114.1
5	Ф16	45.9	280	128.5	0.888	114.1	Φ10 635.0
C40混凝土(m^3)						20.33	

注:

1. 本图尺寸均以毫米为单位。
2. N5钢筋为顶、底层钢筋网的架立筋，纵、横向间距均为45cm，建议呈梅花状布置，平面图中仅为示意。

现浇钢筋混凝土简支实心板梁上部构造 跨径：6m　　斜交角：0°	荷载标准：公路—Ⅱ级 桥面宽度：8.5m
实心板钢筋构造图	图　号：14-1

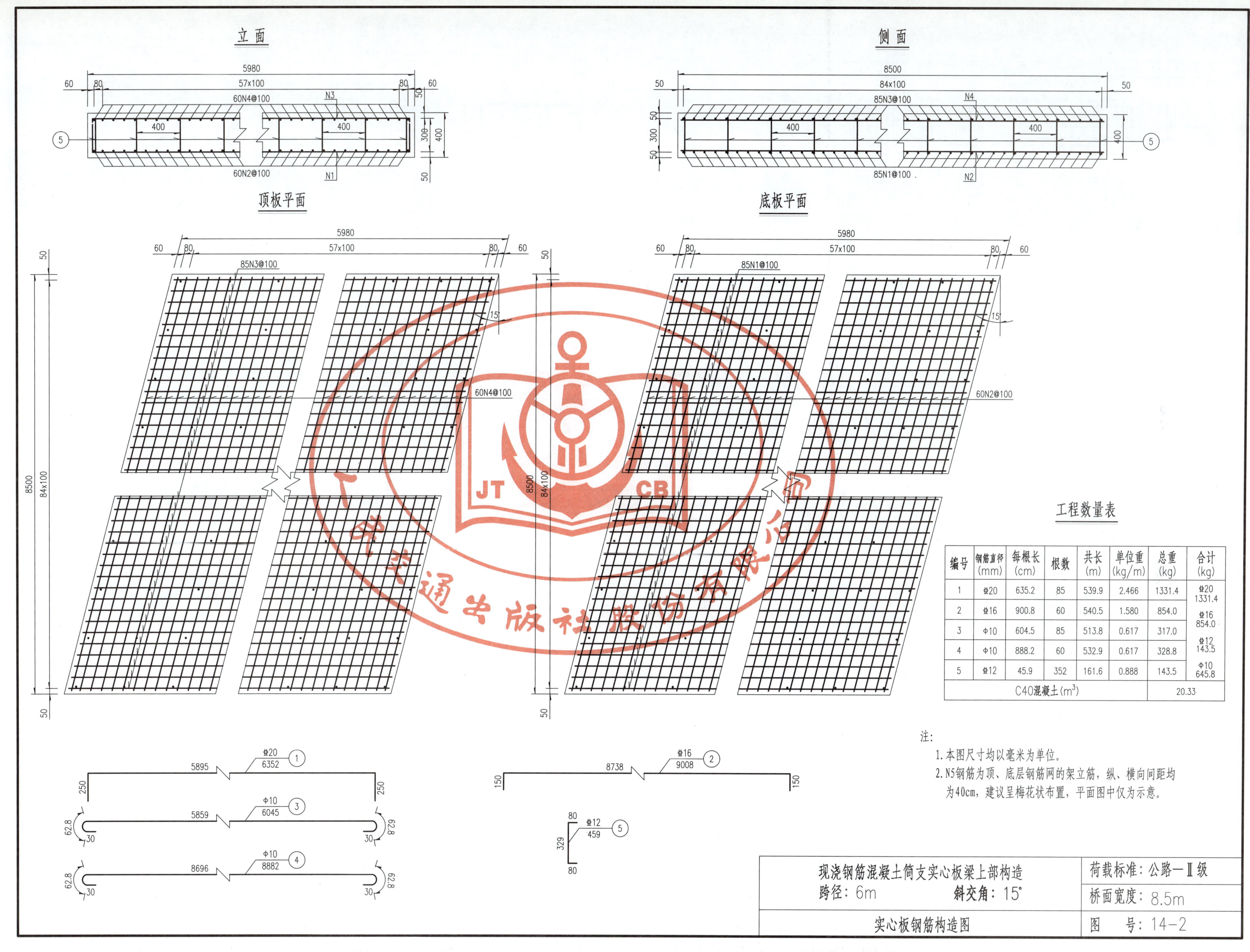

工程数量表

编号	钢筋直径 (mm)	每根长 (cm)	根数	共长 (m)	单位重 (kg/m)	总重 (kg)	合计 (kg)
1	Φ20	635.2	85	539.9	2.466	1331.4	Φ20 1331.4
2	Φ16	900.8	60	540.5	1.580	854.0	Φ16 854.0
3	ϕ10	604.5	85	513.8	0.617	317.0	
4	ϕ10	888.2	60	532.9	0.617	328.8	Φ12 143.5
5	Φ12	45.9	352	161.6	0.888	143.5	ϕ10 645.8
C40混凝土(m^3)						20.33	

注：

1. 本图尺寸均以毫米为单位。
2. N5钢筋为顶、底层钢筋网的架立筋，纵、横向间距均为40cm，建议呈梅花状布置，平面图中仅为示意。

现浇钢筋混凝土简支实心板梁上部构造

跨径：6m　　斜交角：15°

荷载标准：公路—Ⅱ级

桥面宽度：8.5m

实心板钢筋构造图

图　　号：14-2

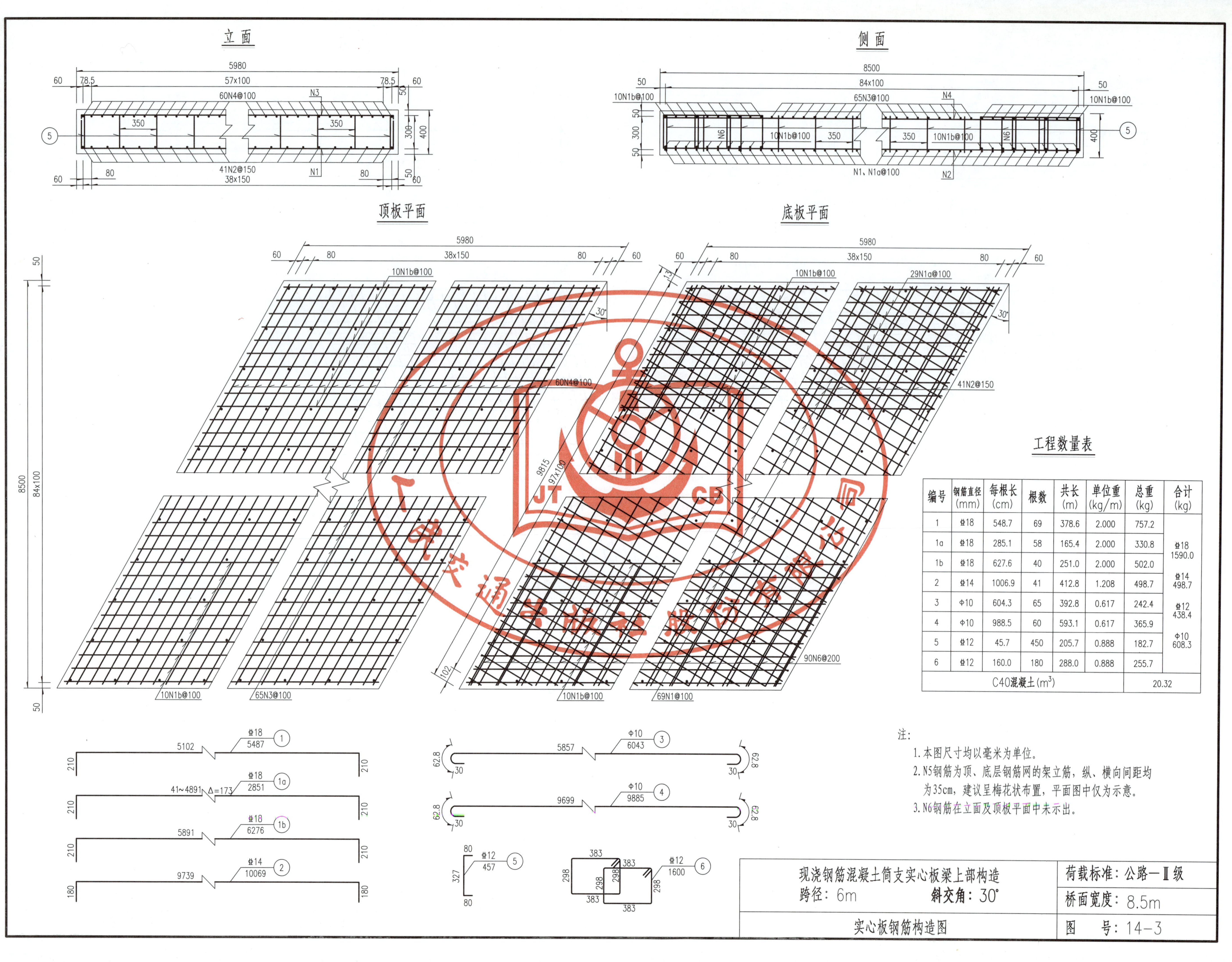

工程数量表

编号	钢筋直径(mm)	每根长(cm)	根数	共长(m)	单位重(kg/m)	总重(kg)	合计(kg)
1	Φ18	548.7	69	378.6	2.000	757.2	Φ18 1590.0
1a	Φ18	285.1	58	165.4	2.000	330.8	
1b	Φ18	627.6	40	251.0	2.000	502.0	
2	Φ14	1006.9	41	412.8	1.208	498.7	Φ14 498.7
3	φ10	604.3	65	392.8	0.617	242.4	Φ12 438.4
4	φ10	988.5	60	593.1	0.617	365.9	
5	Φ12	45.7	450	205.7	0.888	182.7	φ10 608.3
6	Φ12	160.0	180	288.0	0.888	255.7	
C40混凝土(m^3)						20.32	

注：

1. 本图尺寸均以毫米为单位。
2. N5钢筋为顶、底层钢筋网的架立筋，纵、横向间距均为35cm，建议呈梅花状布置，平面图中仅为示意。
3. N6钢筋在立面及顶板平面中未示出。

现浇钢筋混凝土简支实心板梁上部构造 跨径：6m 斜交角：30°	荷载标准：公路—Ⅱ级
	桥面宽度：8.5m
实心板钢筋构造图	图　号：14-3

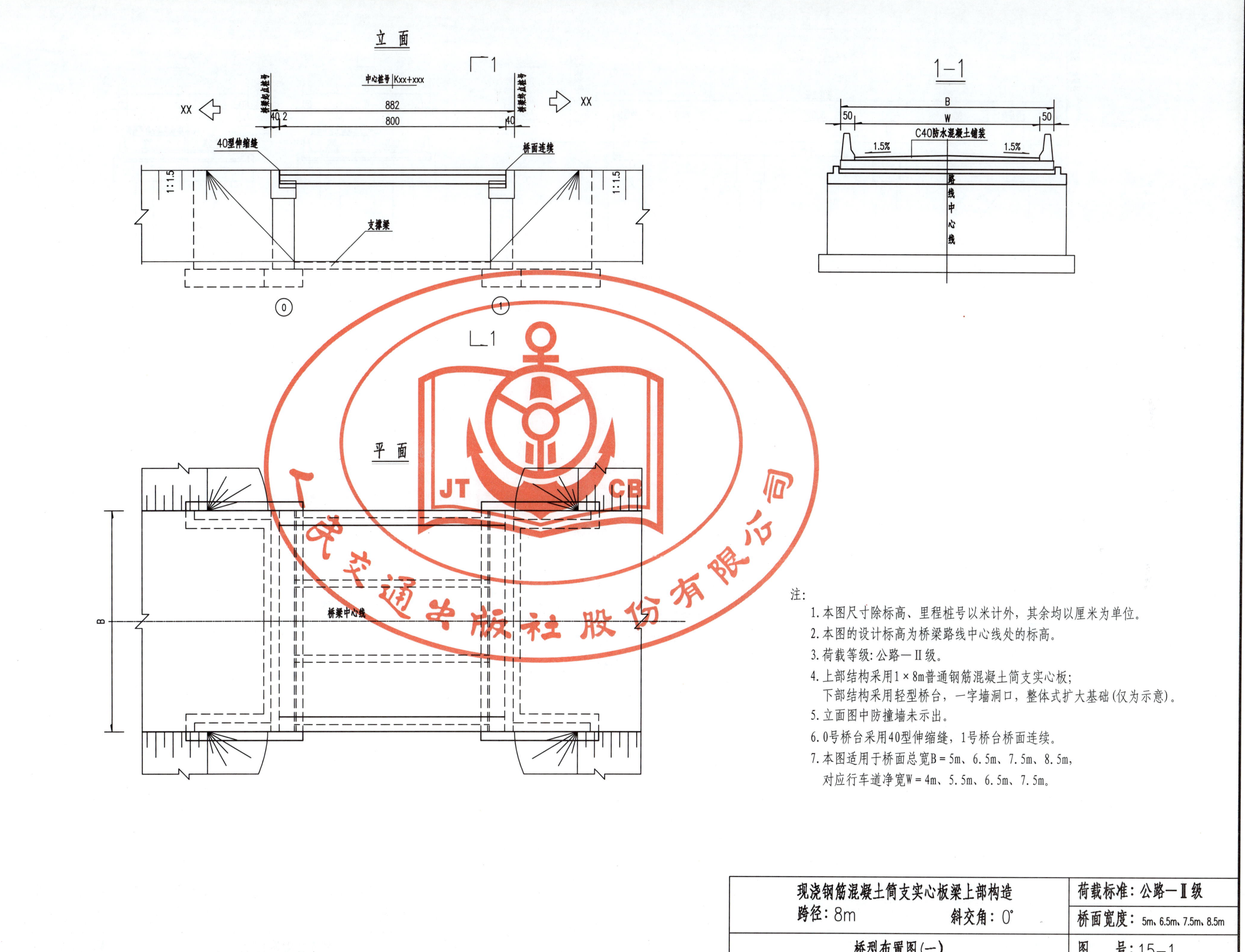
立面
1
中心桩号 Kxx+xxx
桥梁起点桩号
桥梁终点桩号
XX
XX
882
40 2
800
40
40型伸缩缝
桥面连续
1:1.5
1:1.5
支撑梁
0
1
1
1-1
B
W
50
50
C40防水混凝土铺装
1.5%
1.5%
路线中心线
平面
桥梁中心线
B
注：
1. 本图尺寸除标高、里程桩号以米计外，其余均以厘米为单位。
2. 本图的设计标高为桥梁路线中心线处的标高。
3. 荷载等级：公路—Ⅱ级。
4. 上部结构采用1×8m普通钢筋混凝土简支实心板；
下部结构采用轻型桥台，一字墙洞口，整体式扩大基础(仅为示意)。
5. 立面图中防撞墙未示出。
6. 0号桥台采用40型伸缩缝，1号桥台桥面连续。
7. 本图适用于桥面总宽B＝5m、6.5m、7.5m、8.5m，
对应行车道净宽W＝4m、5.5m、6.5m、7.5m。
现浇钢筋混凝土简支实心板梁上部构造
跨径：8m
斜交角：0°
荷载标准：公路—Ⅱ级
桥面宽度：5m、6.5m、7.5m、8.5m
桥型布置图(一)
图 号：15-1

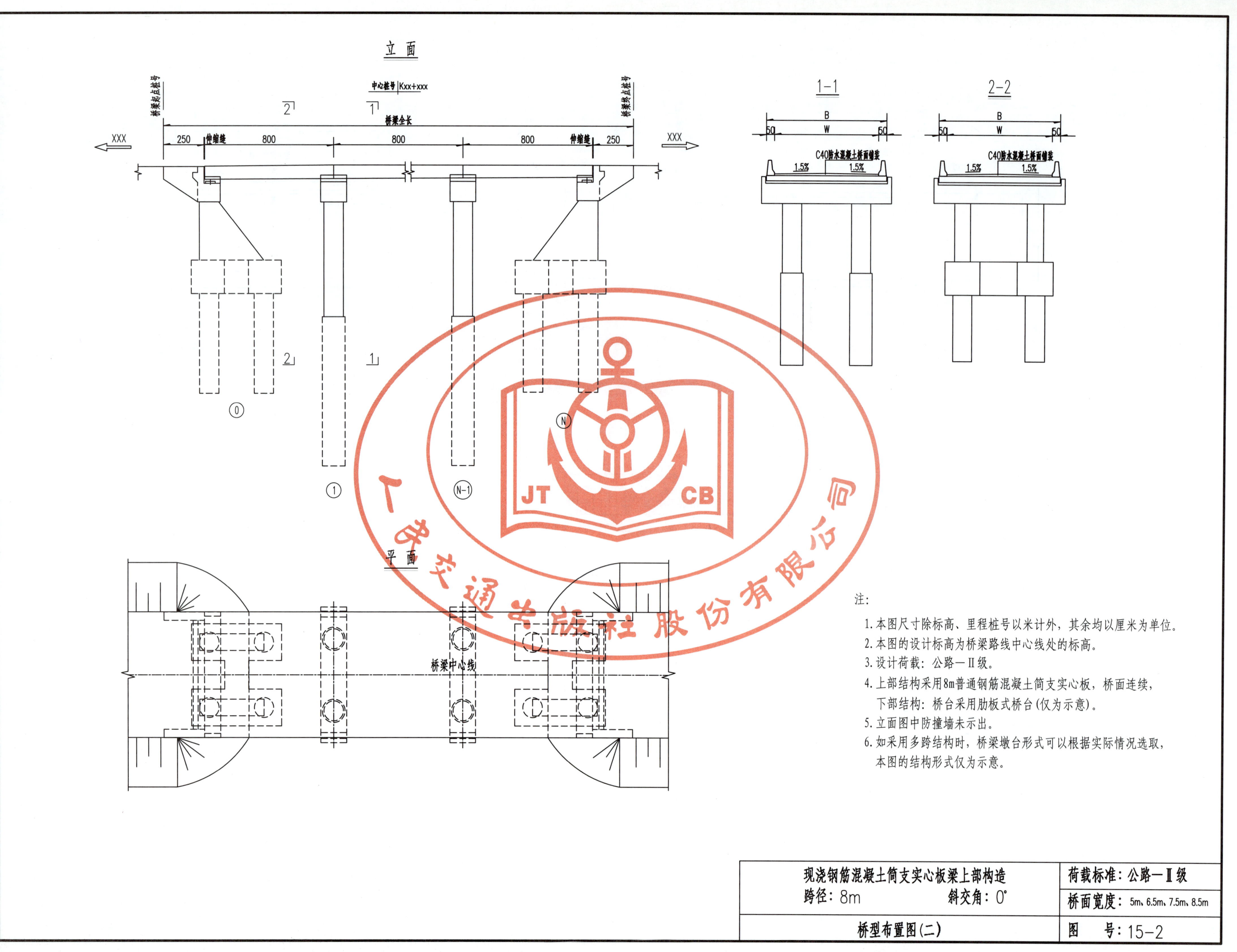

立面
中心桩号 Kxx+xxx
桥梁起点桩号
桥梁终点桩号
桥梁全长
XXX
250
伸缩缝
800
800
800
伸缩缝
250
XXX
2
1
2
1
0
1
N-1
N
1-1
B
W
50
50
C40防水混凝土桥面铺装
1.5%
1.5%
2-2
B
W
50
50
C40防水混凝土桥面铺装
1.5%
1.5%
平面
桥梁中心线
注：
1. 本图尺寸除标高、里程桩号以米计外，其余均以厘米为单位。
2. 本图的设计标高为桥梁路线中心线处的标高。
3. 设计荷载：公路—Ⅱ级。
4. 上部结构采用8m普通钢筋混凝土简支实心板，桥面连续，
下部结构：桥台采用肋板式桥台(仅为示意)。
5. 立面图中防撞墙未示出。
6. 如采用多跨结构时，桥梁墩台形式可以根据实际情况选取，
本图的结构形式仅为示意。
现浇钢筋混凝土简支实心板梁上部构造
跨径：8m
斜交角：0°
荷载标准：公路—Ⅱ级
桥面宽度：5m、6.5m、7.5m、8.5m
桥型布置图(二)
图号：15-2

一孔现浇实心板材料数量总表（跨径8m）

桥宽	材料		斜交角 0°	斜交角 15°	斜交角 30°
5m	混凝土(m³)	C40	18.0	18.0	18.0
	HPB300钢筋(kg)	Φ10	497.4	505.8	434.4
	HRB400钢筋(kg)	Φ12	123.6	156.3	691.7
		Φ14			
		Φ16			763.1
		Φ18	834.0	862.0	
		Φ20			1888.7
		Φ22	1293.6	1755.5	290.9
		Φ25			
7.5m	混凝土(m³)	C40	26.9	26.9	26.9
	HPB300钢筋(kg)	Φ10	744.5	756.3	700.7
	HRB400钢筋(kg)	Φ12	190.2	229.2	801.3
		Φ14			
		Φ16			1127.6
		Φ18	1234.0	1276.2	
		Φ20			2425.8
		Φ22	1940.8	2324.5	442.2
		Φ25			

桥宽	材料		斜交角 0°	斜交角 15°	斜交角 30°
6.5m	混凝土(m³)	C40	23.3	23.3	23.3
	HPB300钢筋(Kg)	Φ10	645.6	656.7	594.3
	HRB400钢筋(kg)	Φ12	161.7	197.9	752.6
		Φ14			
		Φ16			981.7
		Φ18	1074.0	1110.6	
		Φ20			2211.0
		Φ22	1682.2	2015.4	384.0
		Φ25			
8.5m	混凝土(m³)	C40	30.5	30.5	30.5
	HPB300钢筋(kg)	Φ10	843.3	843.3	808.2
	HRB400钢筋(kg)	Φ12	209.2	260.5	837.8
		Φ14			
		Φ16			1273.2
		Φ18	1394.0	1441.6	
		Φ20			2604.8
		Φ22	2199.5	2633.7	500.4
		Φ25			

现浇钢筋混凝土简支实心板梁上部构造 跨径：8m　斜交角：0°、15°、30°	荷载标准：公路—Ⅱ级 桥面宽度：5m、6.5m、7.5m、8.5m
一孔现浇实心板材料数量总表	图　号：16

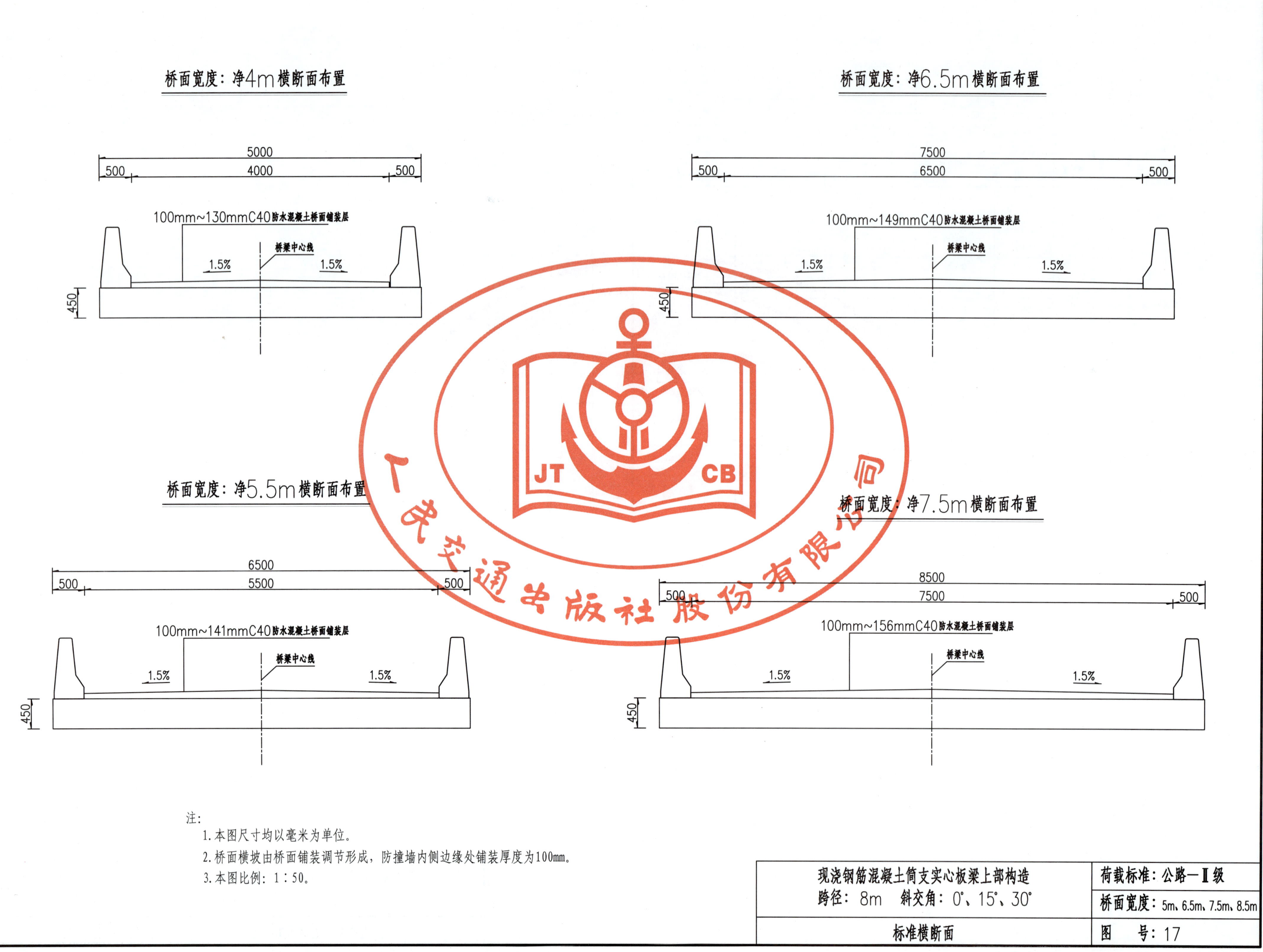

注：

1. 本图尺寸均以毫米为单位。
2. 桥面横坡由桥面铺装调节形成，防撞墙内侧边缘处铺装厚度为100mm。
3. 本图比例：1：50。

现浇钢筋混凝土简支实心板梁上部构造 跨径：8m　斜交角：0°、15°、30°	荷载标准：公路—Ⅱ级 桥面宽度：5m、6.5m、7.5m、8.5m
标准横断面	图　号：17

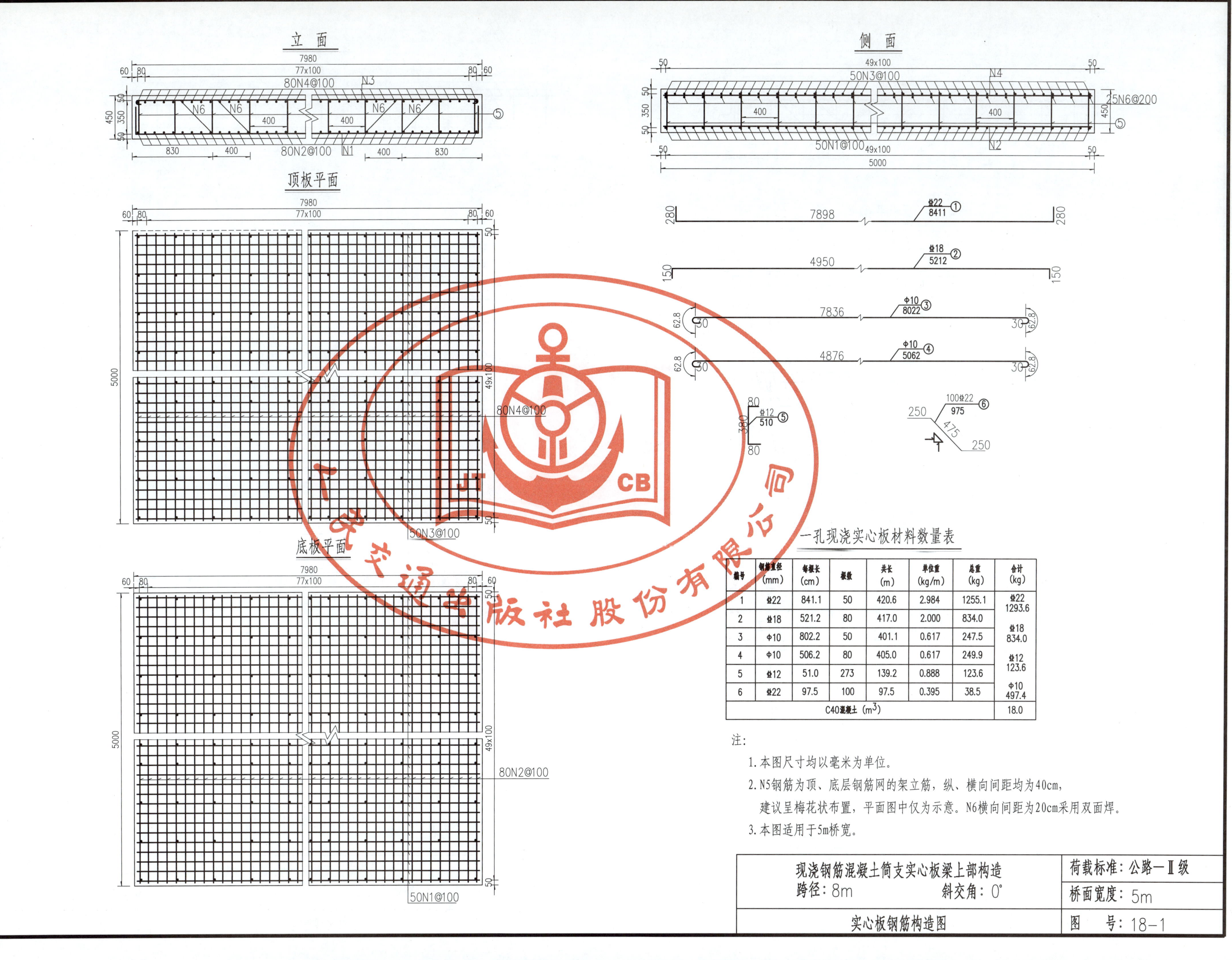

一孔现浇实心板材料数量表

编号	钢筋直径 (mm)	每根长 (cm)	根数	共长 (m)	单位重 (kg/m)	总重 (kg)	合计 (kg)
1	Φ22	841.1	50	420.6	2.984	1255.1	Φ22 1293.6
2	Φ18	521.2	80	417.0	2.000	834.0	Φ18 834.0
3	Φ10	802.2	50	401.1	0.617	247.5	
4	Φ10	506.2	80	405.0	0.617	249.9	Φ12 123.6
5	Φ12	51.0	273	139.2	0.888	123.6	
6	Φ22	97.5	100	97.5	0.395	38.5	Φ10 497.4
C40混凝土 (m^3)							18.0

注:

1. 本图尺寸均以毫米为单位。
2. N5钢筋为顶、底层钢筋网的架立筋，纵、横向间距均为40cm，建议呈梅花状布置，平面图中仅为示意。N6横向间距为20cm采用双面焊。
3. 本图适用于5m桥宽。

现浇钢筋混凝土简支实心板梁上部构造 跨径：8m　　斜交角：0°	荷载标准：公路—Ⅱ级 桥面宽度：5m
实心板钢筋构造图	图　号：18-1

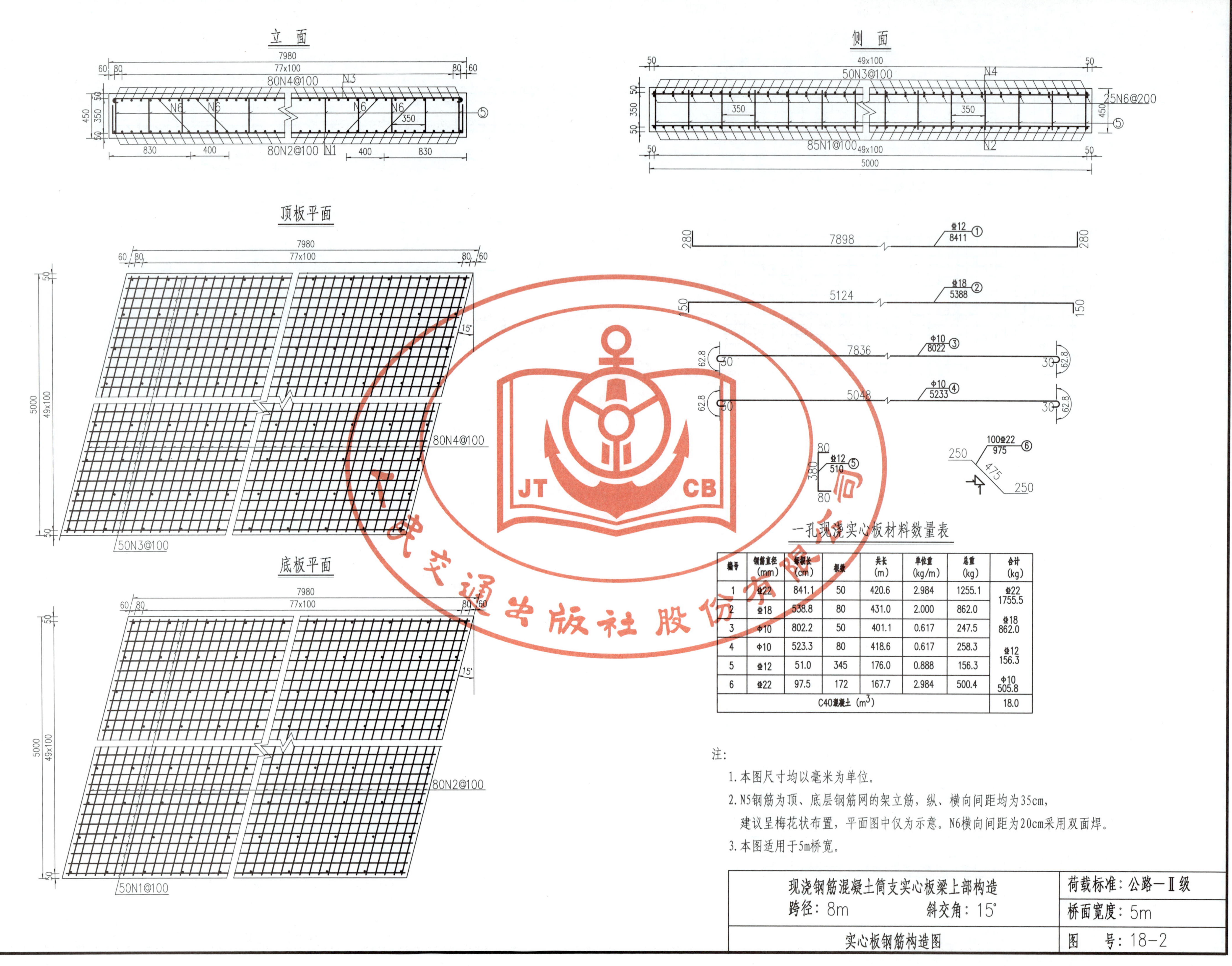

一孔现浇实心板材料数量表

编号	钢筋直径 (mm)	每根长 (cm)	根数	共长 (m)	单位重 (kg/m)	总重 (kg)	合计 (kg)
1	⌀22	841.1	50	420.6	2.984	1255.1	⌀22 1755.5
2	⌀18	538.8	80	431.0	2.000	862.0	⌀18 862.0
3	Φ10	802.2	50	401.1	0.617	247.5	
4	Φ10	523.3	80	418.6	0.617	258.3	⌀12 156.3
5	⌀12	51.0	345	176.0	0.888	156.3	
6	⌀22	97.5	172	167.7	2.984	500.4	Φ10 505.8
C40混凝土 (m^3)							18.0

注：

1. 本图尺寸均以毫米为单位。
2. N5钢筋为顶、底层钢筋网的架立筋，纵、横向间距均为35cm，建议呈梅花状布置，平面图中仅为示意。N6横向间距为20cm采用双面焊。
3. 本图适用于5m桥宽。

现浇钢筋混凝土简支实心板梁上部构造 跨径：8m 斜交角：15°	荷载标准：公路—Ⅱ级 桥面宽度：5m
实心板钢筋构造图	图 号：18-2

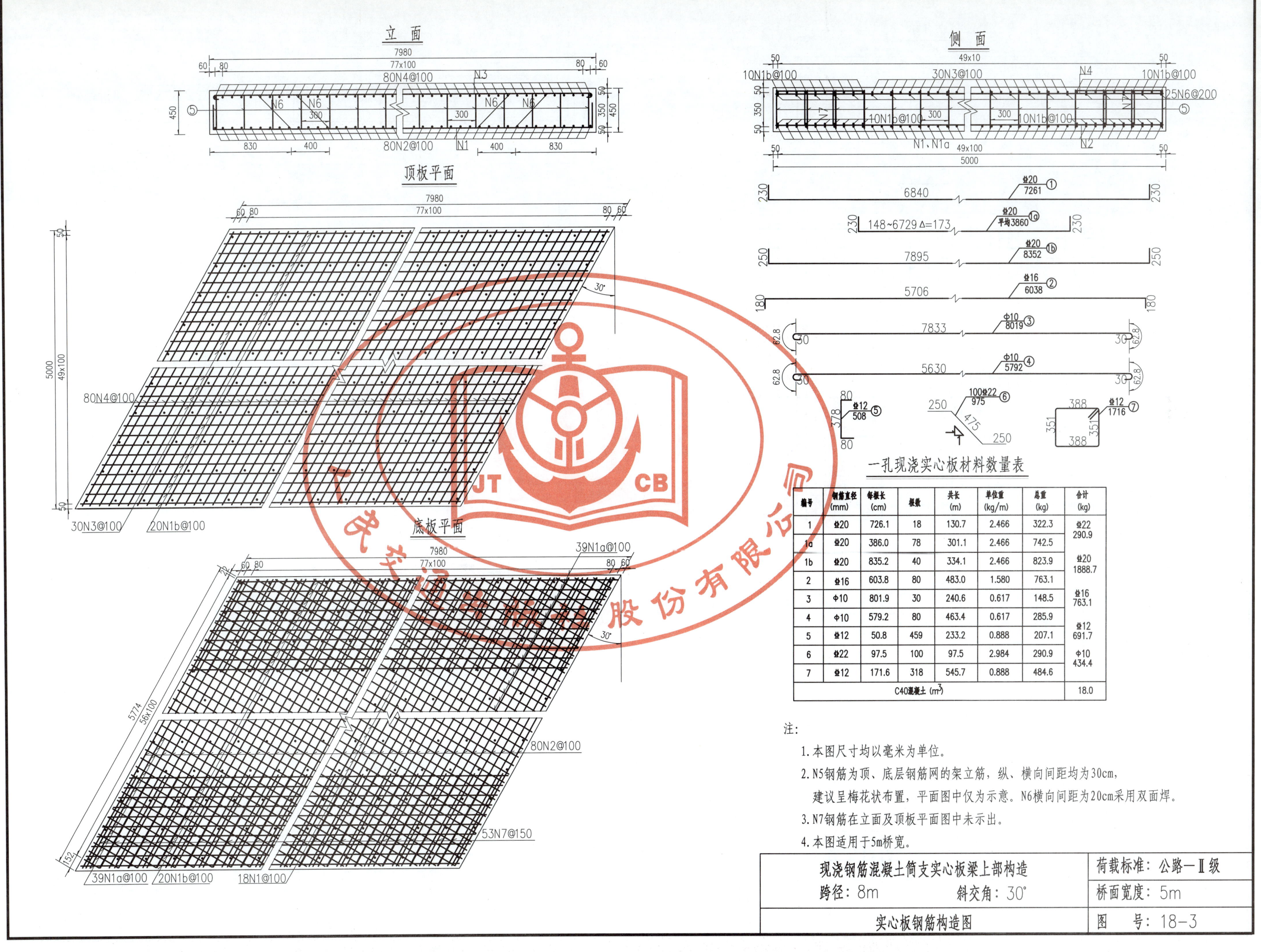

一孔现浇实心板材料数量表

编号	钢筋直径 (mm)	每根长 (cm)	根数	共长 (m)	单位重 (kg/m)	总重 (kg)	合计 (kg)
1	Φ20	726.1	18	130.7	2.466	322.3	Φ22 290.9
1a	Φ20	386.0	78	301.1	2.466	742.5	
1b	Φ20	835.2	40	334.1	2.466	823.9	Φ20 1888.7
2	Φ16	603.8	80	483.0	1.580	763.1	
3	Φ10	801.9	30	240.6	0.617	148.5	Φ16 763.1
4	Φ10	579.2	80	463.4	0.617	285.9	
5	Φ12	50.8	459	233.2	0.888	207.1	Φ12 691.7
6	Φ22	97.5	100	97.5	2.984	290.9	Φ10 434.4
7	Φ12	171.6	318	545.7	0.888	484.6	
C40混凝土 (m^3)							18.0

注：

1. 本图尺寸均以毫米为单位。
2. N5钢筋为顶、底层钢筋网的架立筋，纵、横向间距均为30cm，建议呈梅花状布置，平面图中仅为示意。N6横向间距为20cm采用双面焊。
3. N7钢筋在立面及顶板平面图中未示出。
4. 本图适用于5m桥宽。

现浇钢筋混凝土简支实心板梁上部构造 跨径：8m　斜交角：30°	荷载标准：公路—Ⅱ级 桥面宽度：5m
实心板钢筋构造图	图　号：18-3

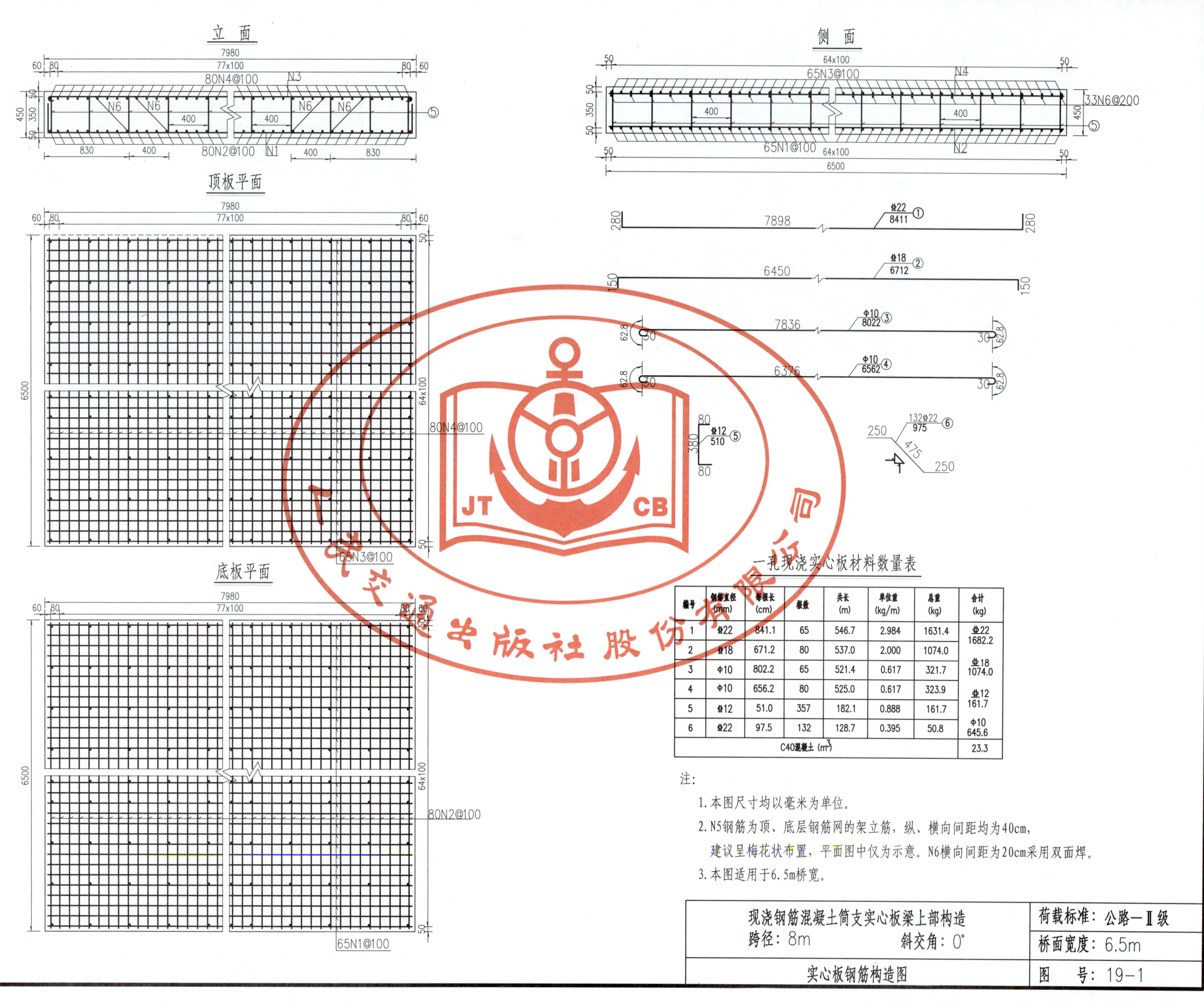

一孔现浇实心板材料数量表

编号	钢筋直径 (mm)	每根长 (cm)	根数	共长 (m)	单位重 (kg/m)	总重 (kg)	合计 (kg)
1	Φ22	841.1	65	546.7	2.984	1631.4	Φ22 1682.2
2	Φ18	671.2	80	537.0	2.000	1074.0	
3	Φ10	802.2	65	521.4	0.617	321.7	Φ18 1074.0
4	Φ10	656.2	80	525.0	0.617	323.9	Φ12 161.7
5	Φ12	51.0	357	182.1	0.888	161.7	
6	Φ22	97.5	132	128.7	0.395	50.8	Φ10 645.6
C40混凝土 (m^3)							23.3

注：

1. 本图尺寸均以毫米为单位。
2. N5钢筋为顶、底层钢筋网的架立筋，纵、横向间距均为40cm，建议呈梅花状布置，平面图中仅为示意。N6横向间距为20cm采用双面焊。
3. 本图适用于6.5m桥宽。

现浇钢筋混凝土简支实心板梁上部构造 跨径：8m 斜交角：0°	荷载标准：公路—Ⅱ级
	桥面宽度：6.5m
实心板钢筋构造图	图 号：19-1

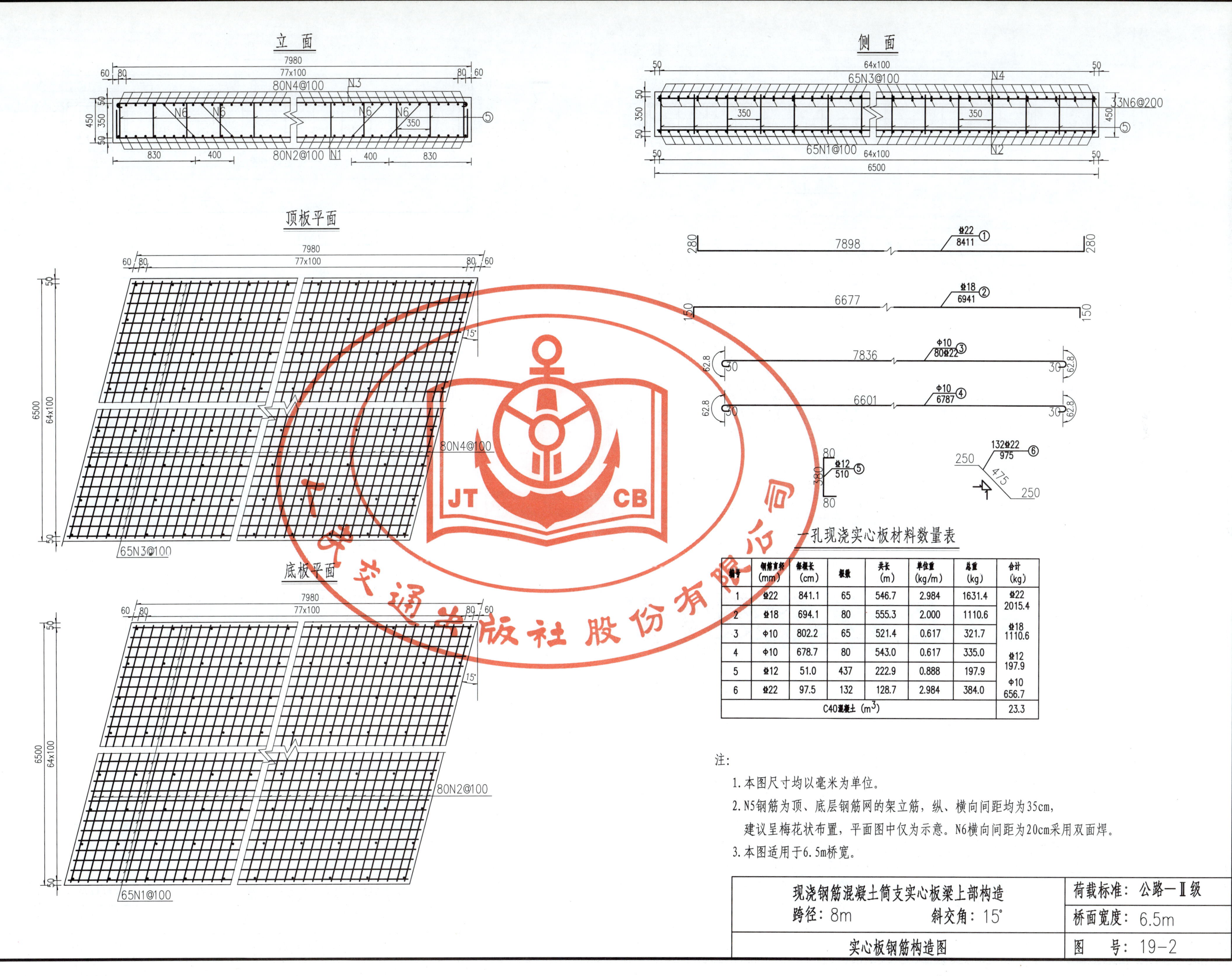

一孔现浇实心板材料数量表

编号	钢筋直径 (mm)	每根长 (cm)	根数	共长 (m)	单位重 (kg/m)	总重 (kg)	合计 (kg)
1	Φ22	841.1	65	546.7	2.984	1631.4	Φ22 2015.4
2	Φ18	694.1	80	555.3	2.000	1110.6	
3	Φ10	802.2	65	521.4	0.617	321.7	Φ18 1110.6
4	Φ10	678.7	80	543.0	0.617	335.0	
5	Φ12	51.0	437	222.9	0.888	197.9	Φ12 197.9
6	Φ22	97.5	132	128.7	2.984	384.0	Φ10 656.7
C40混凝土 (m^3)							23.3

注：

1. 本图尺寸均以毫米为单位。
2. N5钢筋为顶、底层钢筋网的架立筋，纵、横向间距均为35cm，建议呈梅花状布置，平面图中仅为示意。N6横向间距为20cm采用双面焊。
3. 本图适用于6.5m桥宽。

现浇钢筋混凝土简支实心板梁上部构造 跨径：8m 斜交角：15°	荷载标准：公路—Ⅱ级
	桥面宽度：6.5m
实心板钢筋构造图	图 号：19-2

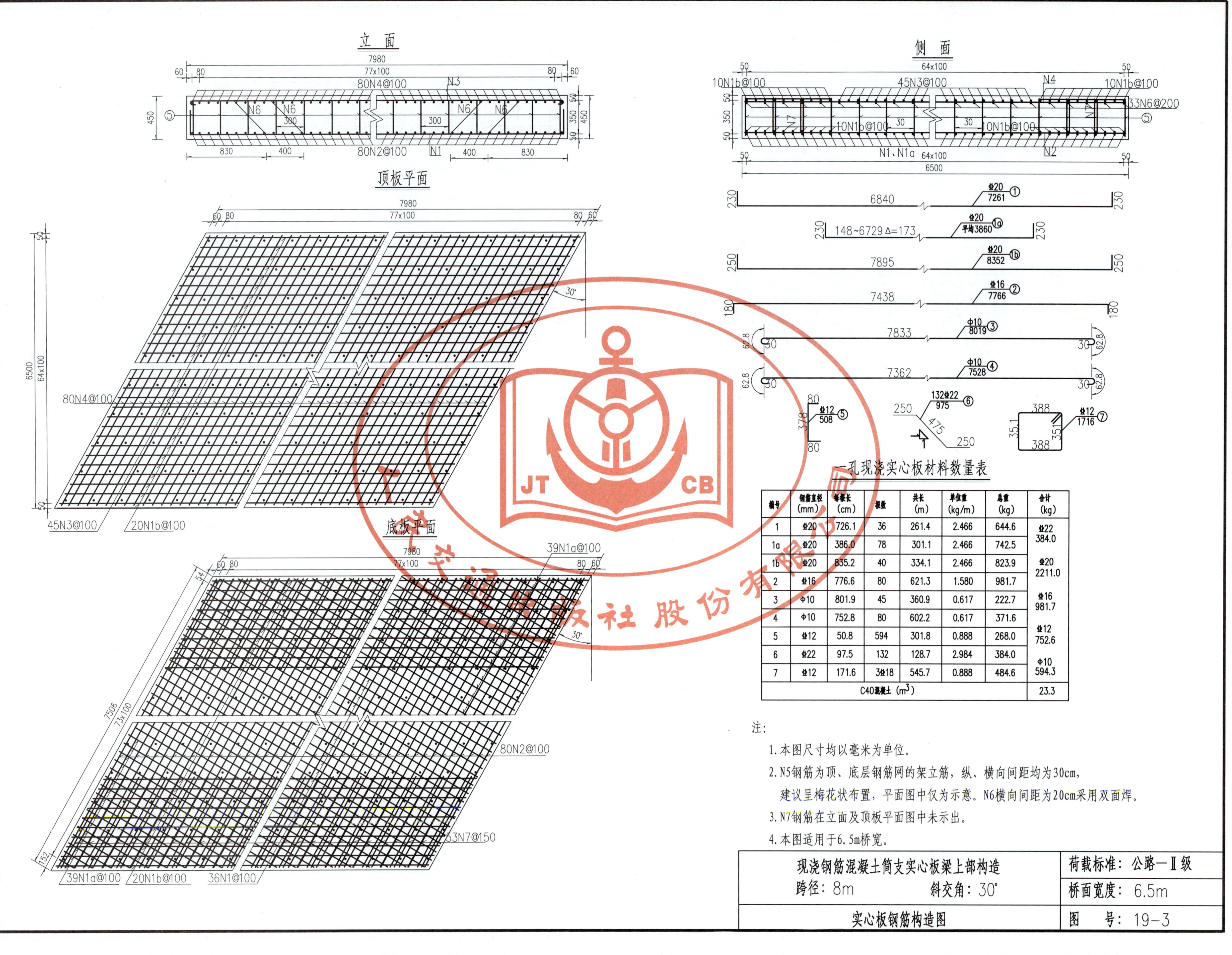

一孔现浇实心板材料数量表

编号	钢筋直径 (mm)	每根长 (cm)	根数	共长 (m)	单位重 (kg/m)	总重 (kg)	合计 (kg)
1	Φ20	726.1	36	261.4	2.466	644.6	Φ22 384.0
1a	Φ20	386.0	78	301.1	2.466	742.5	
1b	Φ20	835.2	40	334.1	2.466	823.9	Φ20 2211.0
2	Φ16	776.6	80	621.3	1.580	981.7	
3	φ10	801.9	45	360.9	0.617	222.7	Φ16 981.7
4	φ10	752.8	80	602.2	0.617	371.6	
5	Φ12	50.8	594	301.8	0.888	268.0	Φ12 752.6
6	Φ22	97.5	132	128.7	2.984	384.0	φ10 594.3
7	Φ12	171.6	3Φ18	545.7	0.888	484.6	
C40混凝土 (m^3)							23.3

注:

1. 本图尺寸均以毫米为单位。
2. N5钢筋为顶、底层钢筋网的架立筋，纵、横向间距均为30cm，建议呈梅花状布置，平面图中仅为示意。N6横向间距为20cm采用双面焊。
3. N7钢筋在立面及顶板平面图中未示出。
4. 本图适用于6.5m桥宽。

现浇钢筋混凝土简支实心板梁上部构造 跨径：8m 斜交角：30°	荷载标准：公路—Ⅱ级
	桥面宽度：6.5m
实心板钢筋构造图	图 号：19-3

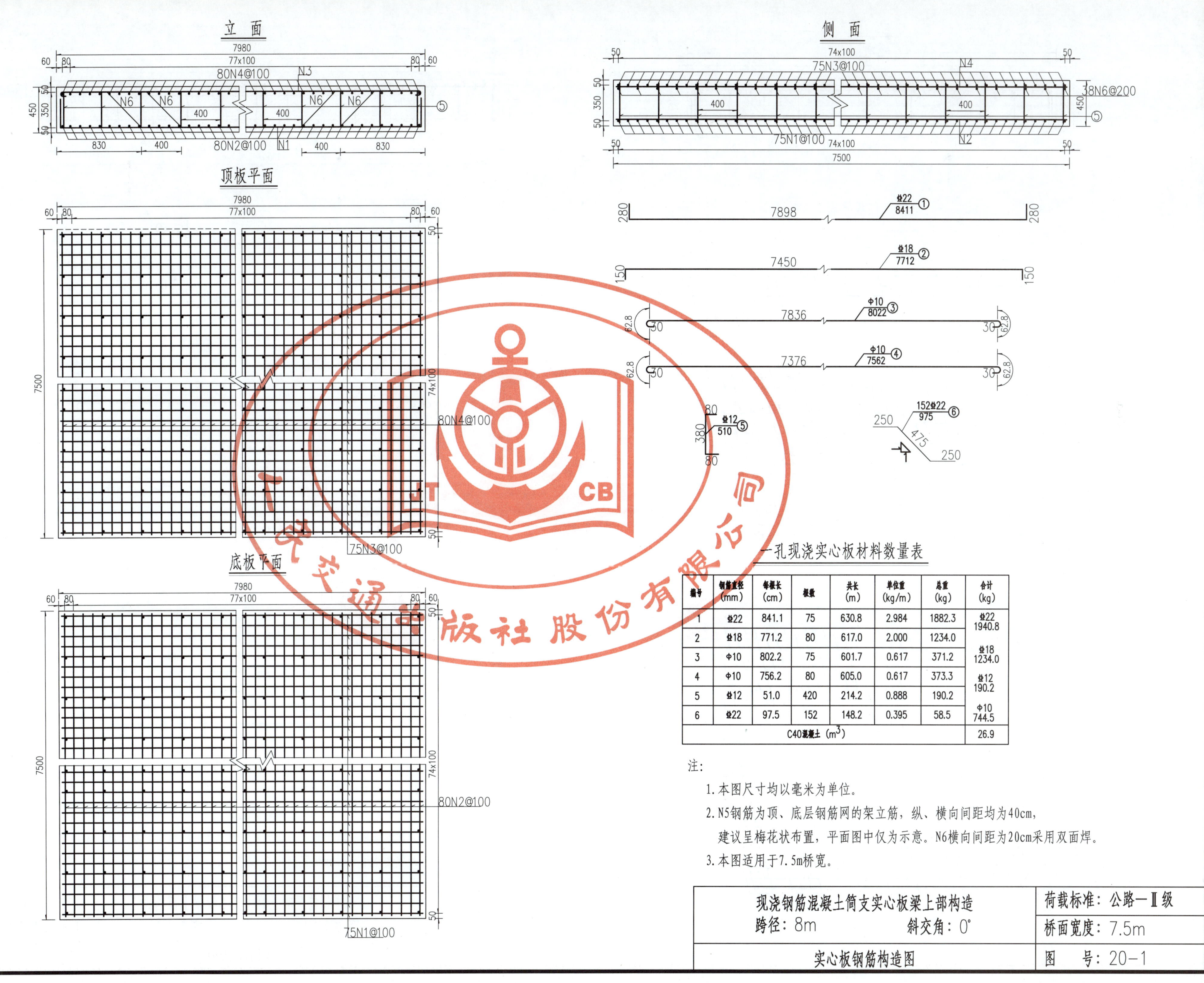

一孔现浇实心板材料数量表

编号	钢筋直径 (mm)	每根长 (cm)	根数	共长 (m)	单位重 (kg/m)	总重 (kg)	合计 (kg)
1	Φ22	841.1	75	630.8	2.984	1882.3	Φ22 1940.8
2	Φ18	771.2	80	617.0	2.000	1234.0	Φ18 1234.0
3	Φ10	802.2	75	601.7	0.617	371.2	
4	Φ10	756.2	80	605.0	0.617	373.3	Φ12 190.2
5	Φ12	51.0	420	214.2	0.888	190.2	
6	Φ22	97.5	152	148.2	0.395	58.5	Φ10 744.5
C40混凝土 (m^3)							26.9

注：

1. 本图尺寸均以毫米为单位。
2. N5钢筋为顶、底层钢筋网的架立筋，纵、横向间距均为40cm，建议呈梅花状布置，平面图中仅为示意。N6横向间距为20cm采用双面焊。
3. 本图适用于7.5m桥宽。

现浇钢筋混凝土简支实心板梁上部构造 跨径：8m　　斜交角：0°	荷载标准：公路—Ⅱ级
	桥面宽度：7.5m
实心板钢筋构造图	图　号：20-1

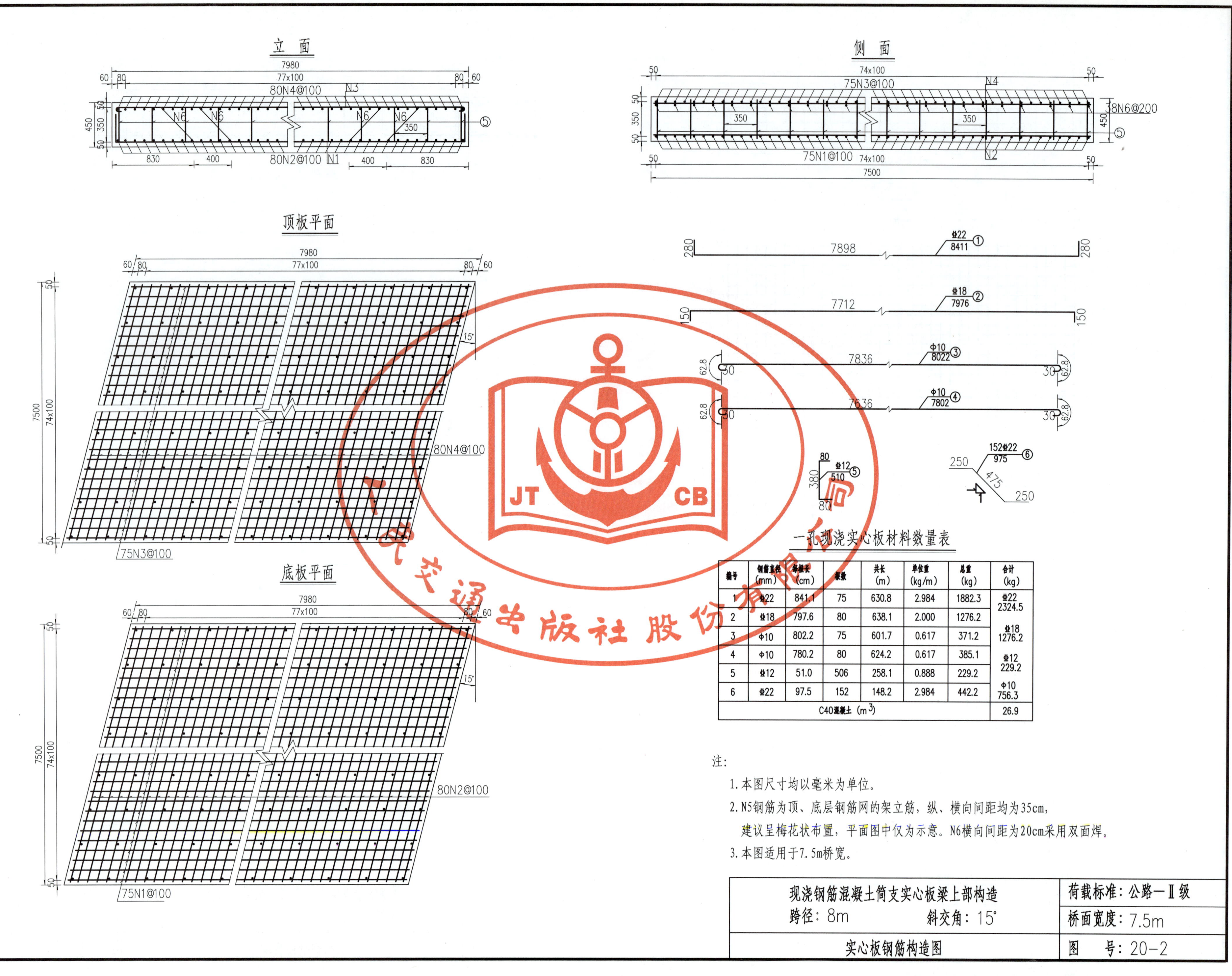

一孔现浇实心板材料数量表

编号	钢筋直径(mm)	每根长(cm)	根数	共长(m)	单位重(kg/m)	总重(kg)	合计(kg)
1	Φ22	841.1	75	630.8	2.984	1882.3	Φ22 2324.5
2	Φ18	797.6	80	638.1	2.000	1276.2	Φ18 1276.2
3	φ10	802.2	75	601.7	0.617	371.2	
4	φ10	780.2	80	624.2	0.617	385.1	Φ12 229.2
5	Φ12	51.0	506	258.1	0.888	229.2	
6	Φ22	97.5	152	148.2	2.984	442.2	φ10 756.3
C40混凝土(m^3)							26.9

注:

1. 本图尺寸均以毫米为单位。
2. N5钢筋为顶、底层钢筋网的架立筋，纵、横向间距均为35cm，建议呈梅花状布置，平面图中仅为示意。N6横向间距为20cm采用双面焊。
3. 本图适用于7.5m桥宽。

现浇钢筋混凝土简支实心板梁上部构造 跨径：8m　　斜交角：15°	荷载标准：公路—Ⅱ级 桥面宽度：7.5m
实心板钢筋构造图	图　号：20-2

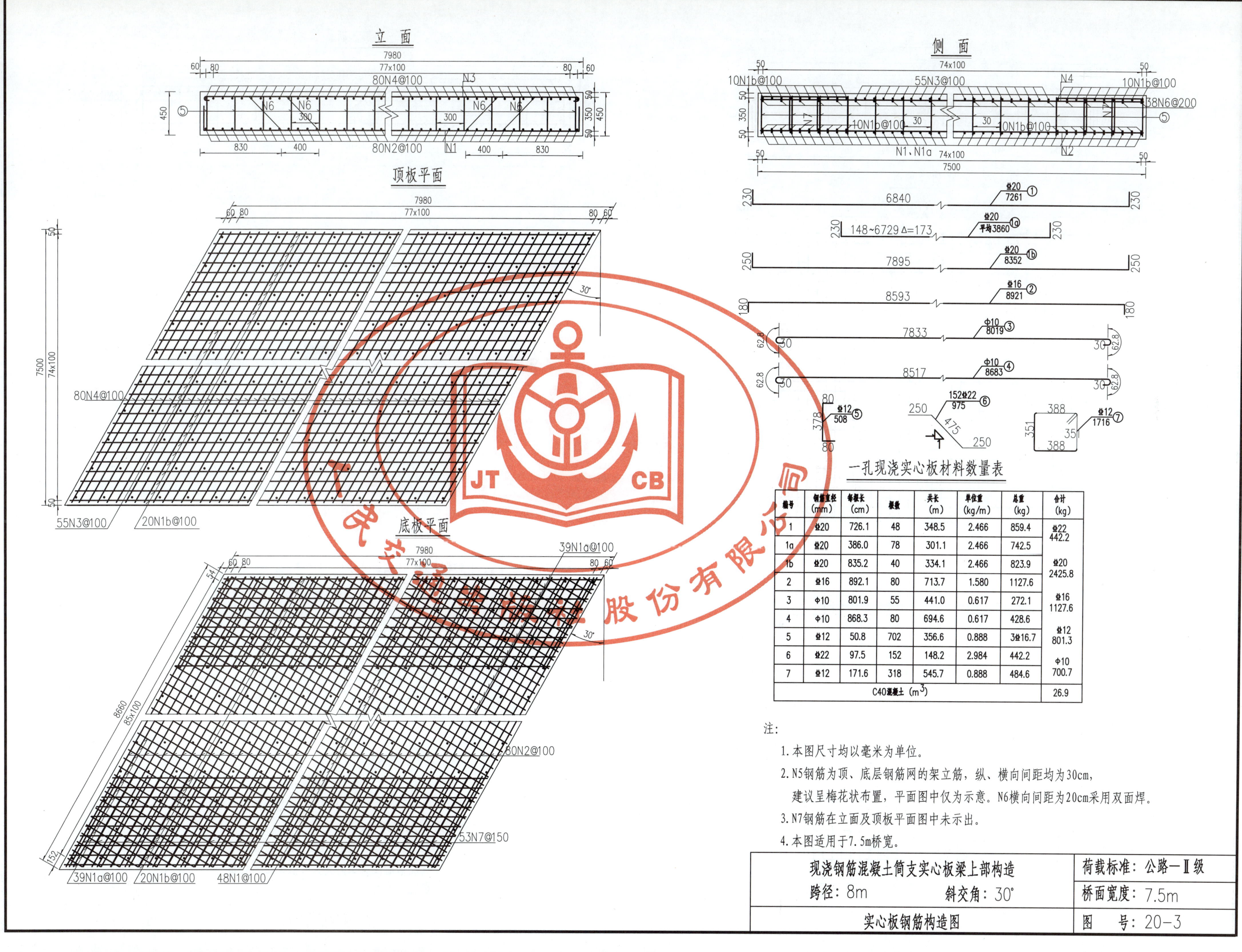

一孔现浇实心板材料数量表

编号	钢筋直径 (mm)	每根长 (cm)	根数	共长 (m)	单位重 (kg/m)	总重 (kg)	合计 (kg)
1	Φ20	726.1	48	348.5	2.466	859.4	Φ22 442.2
1a	Φ20	386.0	78	301.1	2.466	742.5	
1b	Φ20	835.2	40	334.1	2.466	823.9	Φ20 2425.8
2	Φ16	892.1	80	713.7	1.580	1127.6	
3	φ10	801.9	55	441.0	0.617	272.1	Φ16 1127.6
4	φ10	868.3	80	694.6	0.617	428.6	
5	Φ12	50.8	702	356.6	0.888	3Φ16.7	Φ12 801.3
6	Φ22	97.5	152	148.2	2.984	442.2	
7	Φ12	171.6	318	545.7	0.888	484.6	φ10 700.7
C40混凝土 (m^3)							26.9

注:

1. 本图尺寸均以毫米为单位。
2. N5钢筋为顶、底层钢筋网的架立筋，纵、横向间距均为30cm，建议呈梅花状布置，平面图中仅为示意。N6横向间距为20cm采用双面焊。
3. N7钢筋在立面及顶板平面图中未示出。
4. 本图适用于7.5m桥宽。

现浇钢筋混凝土简支实心板梁上部构造 跨径：8m　　斜交角：30°	荷载标准：公路—Ⅱ级 桥面宽度：7.5m
实心板钢筋构造图	图　号：20-3

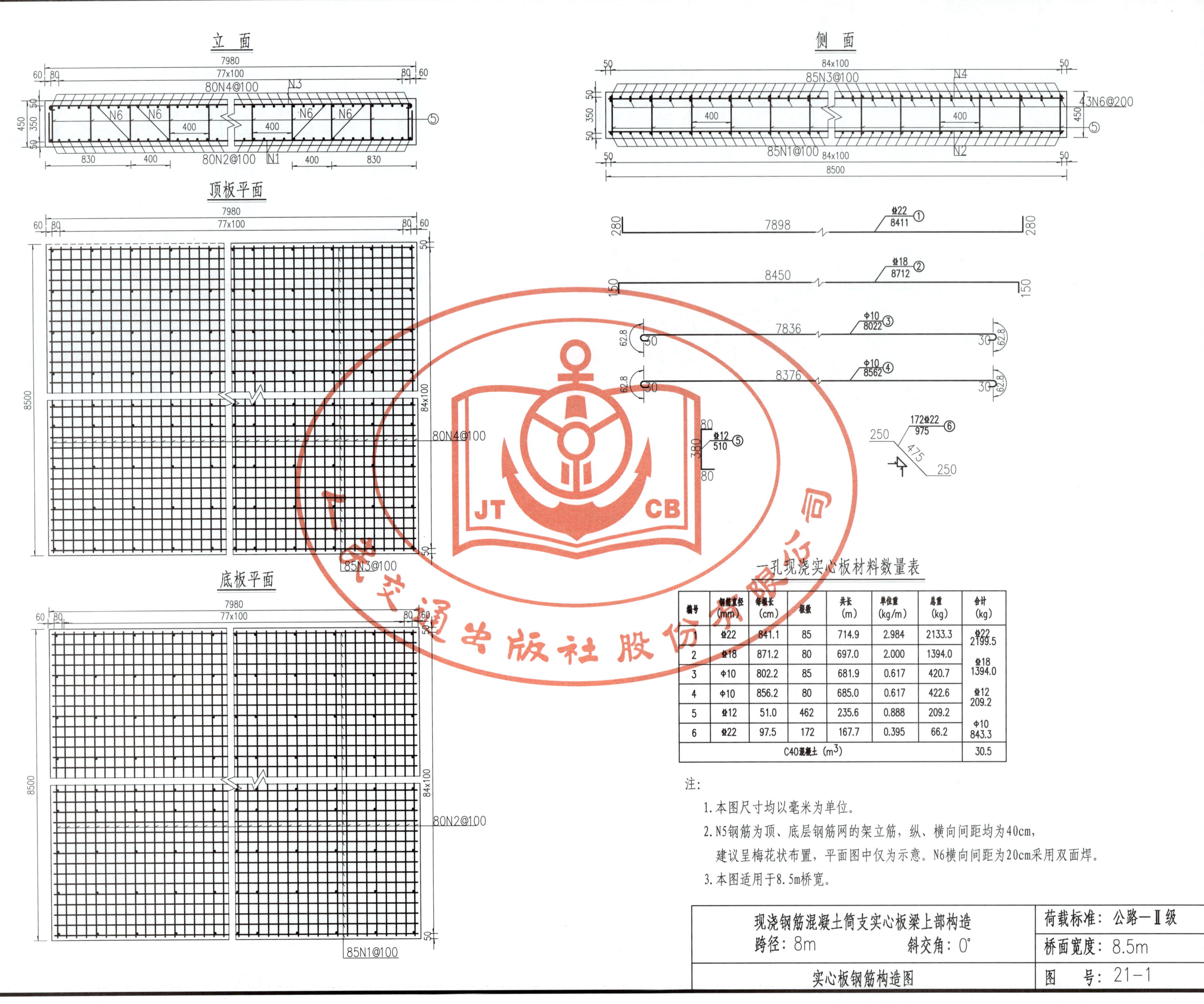

一孔现浇实心板材料数量表

编号	钢筋直径 (mm)	每根长 (cm)	根数	共长 (m)	单位重 (kg/m)	总重 (kg)	合计 (kg)
1	⌀22	841.1	85	714.9	2.984	2133.3	⌀22 2199.5
2	⌀18	871.2	80	697.0	2.000	1394.0	⌀18 1394.0
3	Φ10	802.2	85	681.9	0.617	420.7	
4	Φ10	856.2	80	685.0	0.617	422.6	⌀12 209.2
5	⌀12	51.0	462	235.6	0.888	209.2	
6	⌀22	97.5	172	167.7	0.395	66.2	Φ10 843.3
C40混凝土 (m^3)							30.5

注：

1. 本图尺寸均以毫米为单位。
2. N5钢筋为顶、底层钢筋网的架立筋，纵、横向间距均为40cm，建议呈梅花状布置，平面图中仅为示意。N6横向间距为20cm采用双面焊。
3. 本图适用于8.5m桥宽。

现浇钢筋混凝土简支实心板梁上部构造 跨径：8m 斜交角：0°	荷载标准：公路—Ⅱ级
	桥面宽度：8.5m
实心板钢筋构造图	图 号：21-1

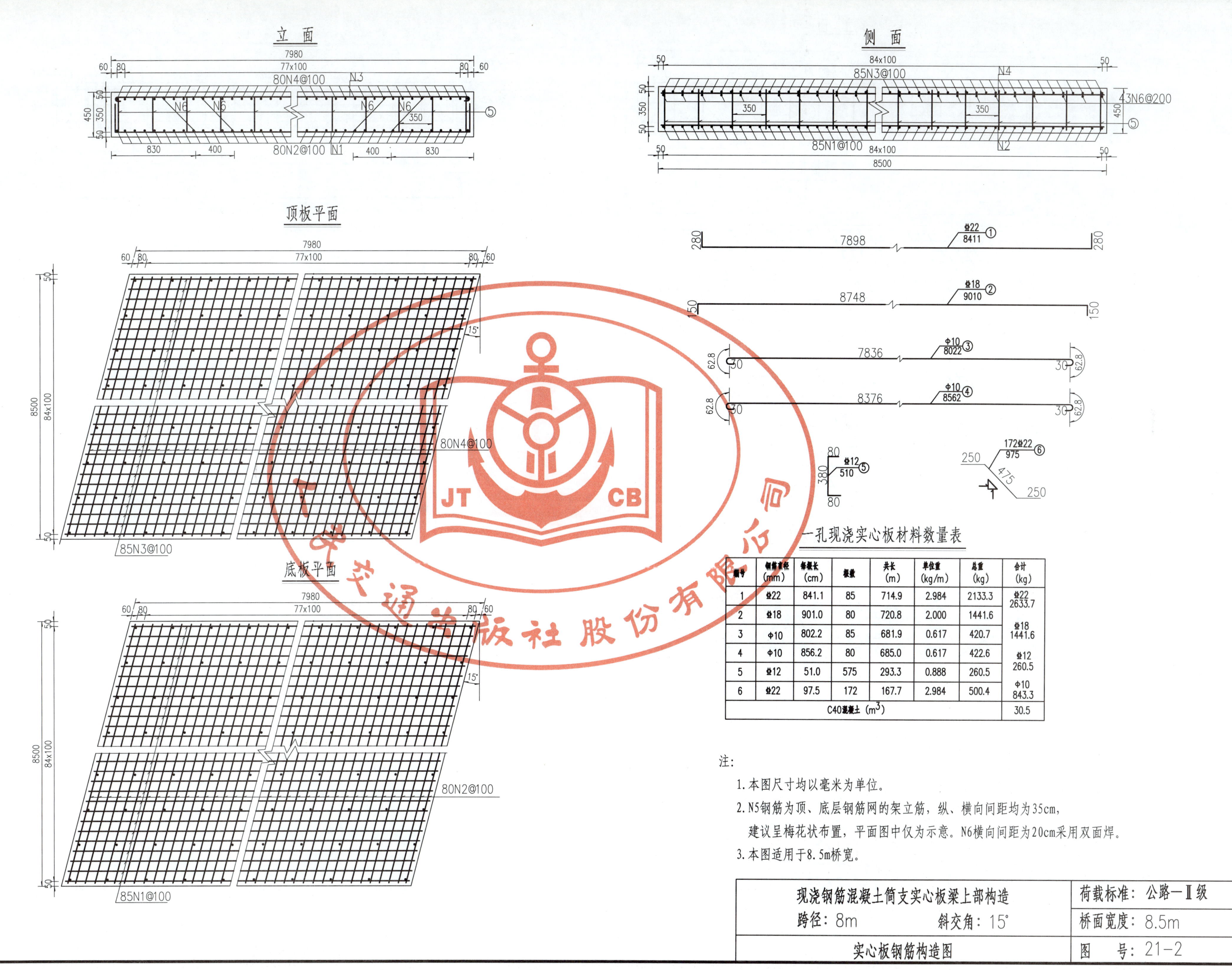

一孔现浇实心板材料数量表

编号	钢筋直径 (mm)	每根长 (cm)	根数	共长 (m)	单位重 (kg/m)	总重 (kg)	合计 (kg)
1	Φ22	841.1	85	714.9	2.984	2133.3	Φ22 2633.7
2	Φ18	901.0	80	720.8	2.000	1441.6	Φ18 1441.6
3	Φ10	802.2	85	681.9	0.617	420.7	
4	Φ10	856.2	80	685.0	0.617	422.6	Φ12 260.5
5	Φ12	51.0	575	293.3	0.888	260.5	
6	Φ22	97.5	172	167.7	2.984	500.4	Φ10 843.3
C40混凝土 (m^3)							30.5

注:

1. 本图尺寸均以毫米为单位。
2. N5钢筋为顶、底层钢筋网的架立筋，纵、横向间距均为35cm，建议呈梅花状布置，平面图中仅为示意。N6横向间距为20cm采用双面焊。
3. 本图适用于8.5m桥宽。

现浇钢筋混凝土简支实心板梁上部构造 跨径：8m 斜交角：15°	荷载标准：公路—Ⅱ级
	桥面宽度：8.5m
实心板钢筋构造图	图 号：21-2

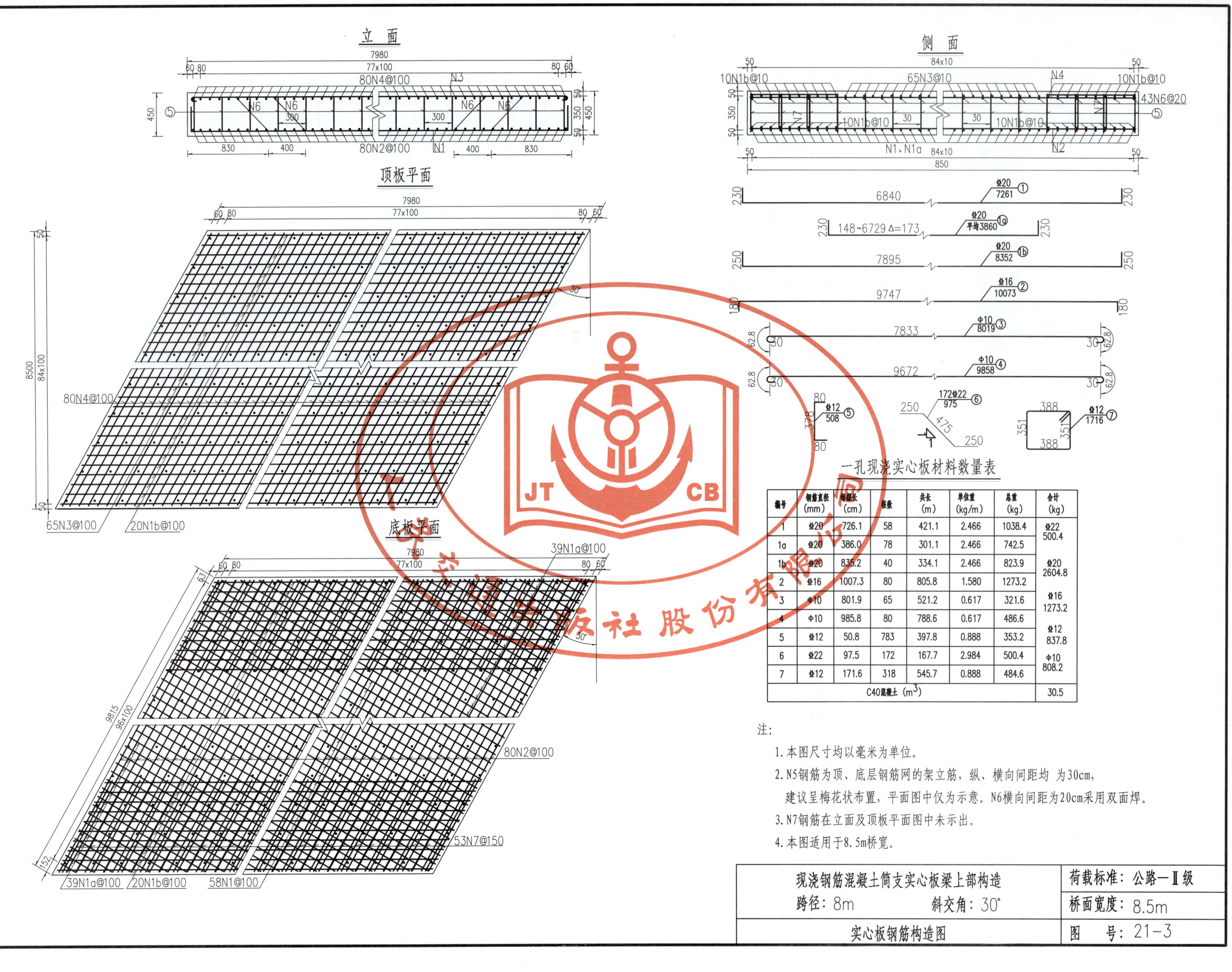

一孔现浇实心板材料数量表

编号	钢筋直径 (mm)	每根长 (cm)	根数	共长 (m)	单位重 (kg/m)	总重 (kg)	合计 (kg)
1	⌀20	726.1	58	421.1	2.466	1038.4	⌀22 500.4
1a	⌀20	386.0	78	301.1	2.466	742.5	
1b	⌀20	835.2	40	334.1	2.466	823.9	⌀20 2604.8
2	⌀16	1007.3	80	805.8	1.580	1273.2	
3	Φ10	801.9	65	521.2	0.617	321.6	⌀16 1273.2
4	Φ10	985.8	80	788.6	0.617	486.6	
5	⌀12	50.8	783	397.8	0.888	353.2	⌀12 837.8
6	⌀22	97.5	172	167.7	2.984	500.4	Φ10 808.2
7	⌀12	171.6	318	545.7	0.888	484.6	
C40混凝土 (m^3)							30.5

注：

1. 本图尺寸均以毫米为单位。
2. N5钢筋为顶、底层钢筋网的架立筋，纵、横向间距均 为30cm，建议呈梅花状布置，平面图中仅为示意。N6横向间距为20cm采用双面焊。
3. N7钢筋在立面及顶板平面图中未示出。
4. 本图适用于8.5m桥宽。

现浇钢筋混凝土简支实心板梁上部构造 跨径：8m　　斜交角：30°	荷载标准：公路—Ⅱ级
	桥面宽度：8.5m
实心板钢筋构造图	图　号：21-3

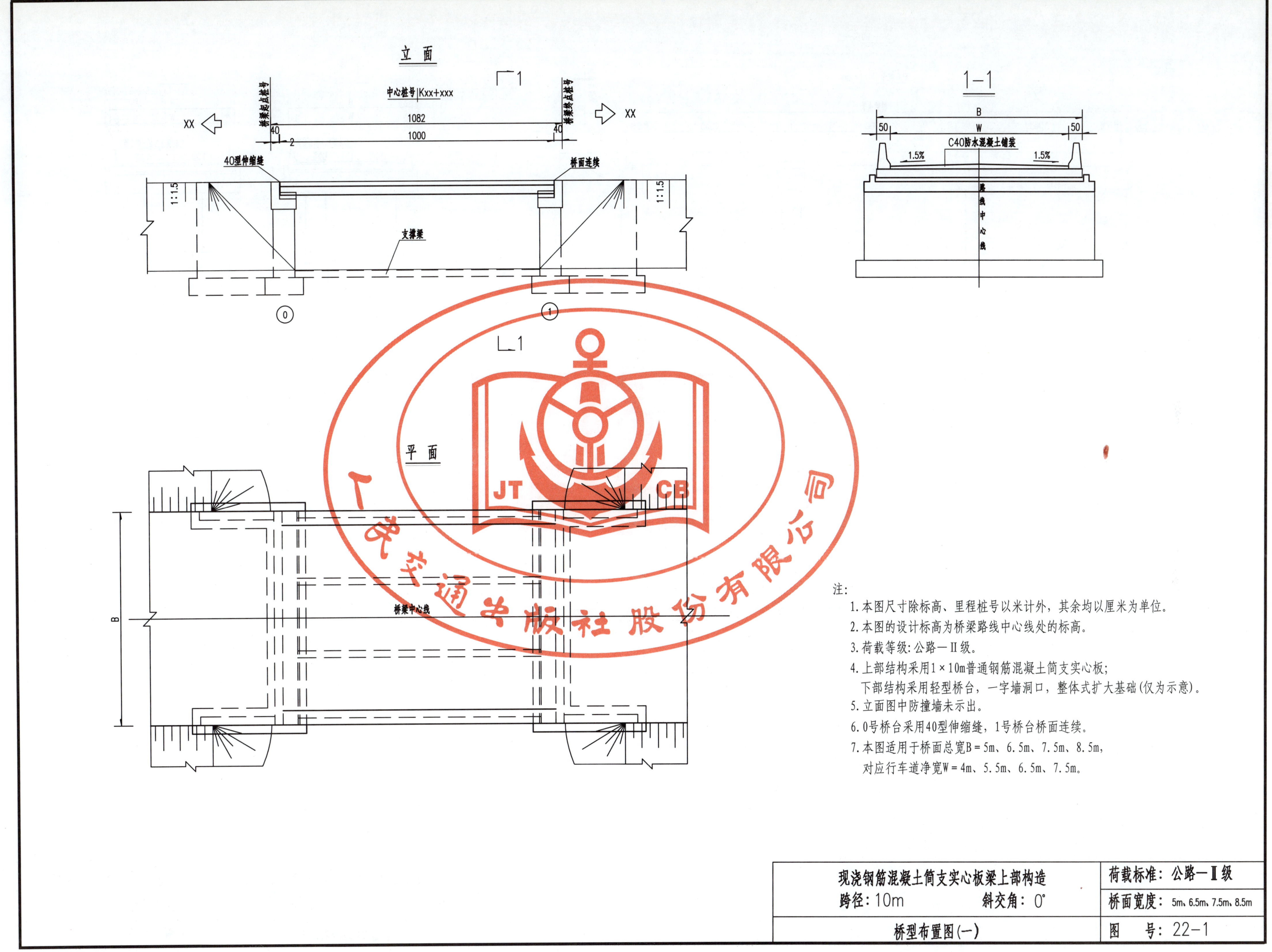

注:

1. 本图尺寸除标高、里程桩号以米计外，其余均以厘米为单位。
2. 本图的设计标高为桥梁路线中心线处的标高。
3. 荷载等级:公路—Ⅱ级。
4. 上部结构采用1×10m普通钢筋混凝土筒支实心板;
   下部结构采用轻型桥台，一字墙洞口，整体式扩大基础(仅为示意)。
5. 立面图中防撞墙未示出。
6. 0号桥台采用40型伸缩缝，1号桥台桥面连续。
7. 本图适用于桥面总宽B＝5m、6.5m、7.5m、8.5m，
   对应行车道净宽W＝4m、5.5m、6.5m、7.5m。

现浇钢筋混凝土筒支实心板梁上部构造 跨径:10m　　斜交角: 0°	荷载标准: 公路—Ⅱ级 桥面宽度: 5m、6.5m、7.5m、8.5m
桥型布置图(一)	图　号: 22-1

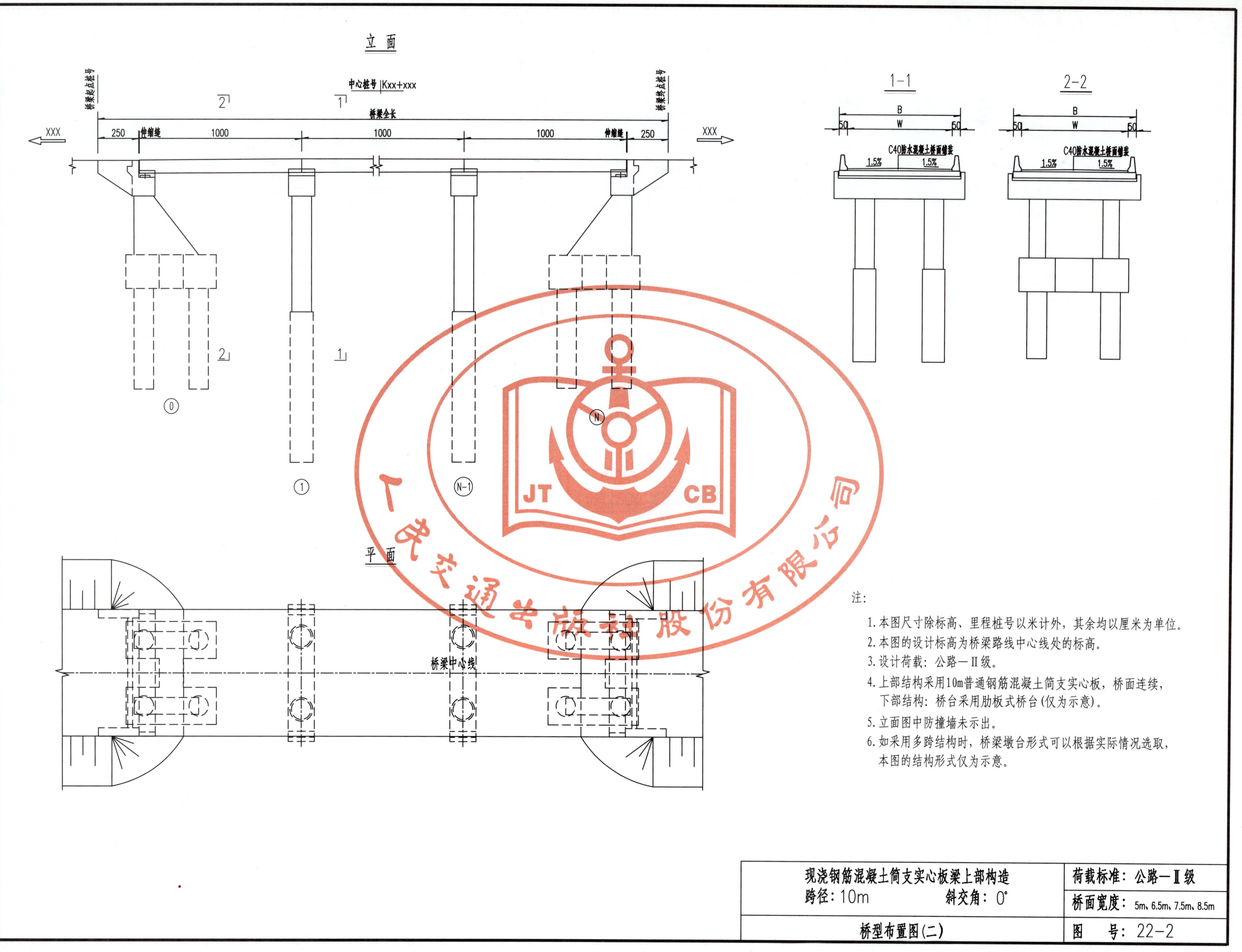
立面
中心桩号 |Kxx+xxx
桥梁起点桩号
桥梁终点桩号
桥梁全长
XXX
XXX
250
伸缩缝
1000
1000
1000
伸缩缝
250
1-1
2-2
B
W
50
50
C40防水混凝土桥面铺装
1.5%
1.5%
平面
桥梁中心线
注:
1. 本图尺寸除标高、里程桩号以米计外，其余均以厘米为单位。
2. 本图的设计标高为桥梁路线中心线处的标高。
3. 设计荷载：公路—Ⅱ级。
4. 上部结构采用10m普通钢筋混凝土简支实心板，桥面连续，
下部结构：桥台采用肋板式桥台(仅为示意)。
5. 立面图中防撞墙未示出。
6. 如采用多跨结构时，桥梁墩台形式可以根据实际情况选取，
本图的结构形式仅为示意。
现浇钢筋混凝土简支实心板梁上部构造
跨径：10m
斜交角：0°
荷载标准：公路—Ⅱ级
桥面宽度：5m、6.5m、7.5m、8.5m
桥型布置图(二)
图 号：22-2

一孔现浇实心板材料数量总表（跨径10m）

桥宽	材料		斜交角 0°	15°	30°
5m	混凝土 (m³)	C40	27.4	27.4	27.4
	HPB300钢筋 (kg)	Φ10	620.9	631.5	540.1
	HRB400钢筋 (kg)	Φ12	314.1	314.1	1484.8
		Φ14			
		Φ16			
		Φ18			1207.4
		Φ20	1301.9	1345.4	
		Φ22			1634.6
		Φ25	2425.1	2425.4	2036.7
7.5m	混凝土 (m³)	C40	41.2	41.2	41.2
	HPB300钢筋 (kg)	Φ10	929.4	945.4	872.4
	HRB400钢筋 (kg)	Φ12	480.4	480.4	1702.2
		Φ14			
		Φ16			
		Φ18			1790.4
		Φ20	1919.4	1984.6	
		Φ22			2422.2
		Φ25	3645.4	3646	2249
6.5m	混凝土 (m³)	C40	35.7	35.7	35.7
	HPB300钢筋 (kg)	Φ10	806.0	820.5	743.3
	HRB400钢筋 (kg)	Φ12	406.5	406.5	1615.2
		Φ14			
		Φ16			
		Φ18			1553.8
		Φ20	1672.4	1729.0	
		Φ22			2096.3
		Φ25	3160.6	3161.0	2167.3
8.5m	混凝土 (m³)	C40	46.7	46.7	46.7
	HPB300钢筋 (kg)	Φ10	1052.9	1071.1	1010.3
	HRB400钢筋 (kg)	Φ12	535.8	535.8	1789.1
		Φ14			
		Φ16			
		Φ18			2015.2
		Φ20	2166.4	2240.5	
		Φ22			2720.8
		Φ25	4130.4	4131.2	2330.7

现浇钢筋混凝土简支实心板梁上部构造 跨径：10m 斜交角：0°、15°、30°	荷载标准：公路—Ⅱ级 桥面宽度：5m、6.5m、7.5m、8.5m
一孔现浇实心板材料数量总表	图 号：23

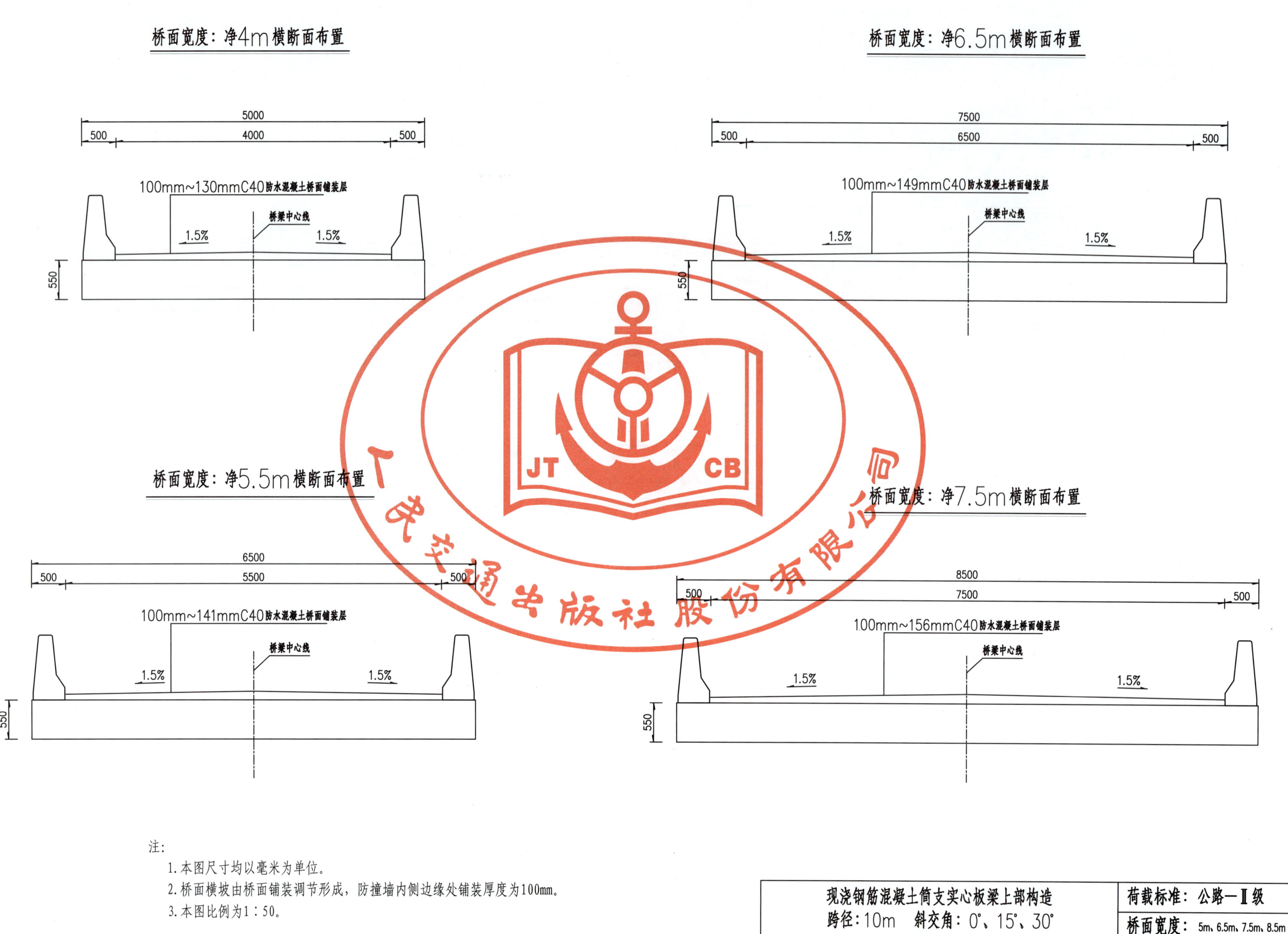

注：

1. 本图尺寸均以毫米为单位。
2. 桥面横坡由桥面铺装调节形成，防撞墙内侧边缘处铺装厚度为100mm。
3. 本图比例为1：50。

现浇钢筋混凝土简支实心板梁上部构造 跨径：10m 斜交角：0°、15°、30°	荷载标准：公路—Ⅱ级
	桥面宽度：5m、6.5m、7.5m、8.5m
标准横断面	图 号：24

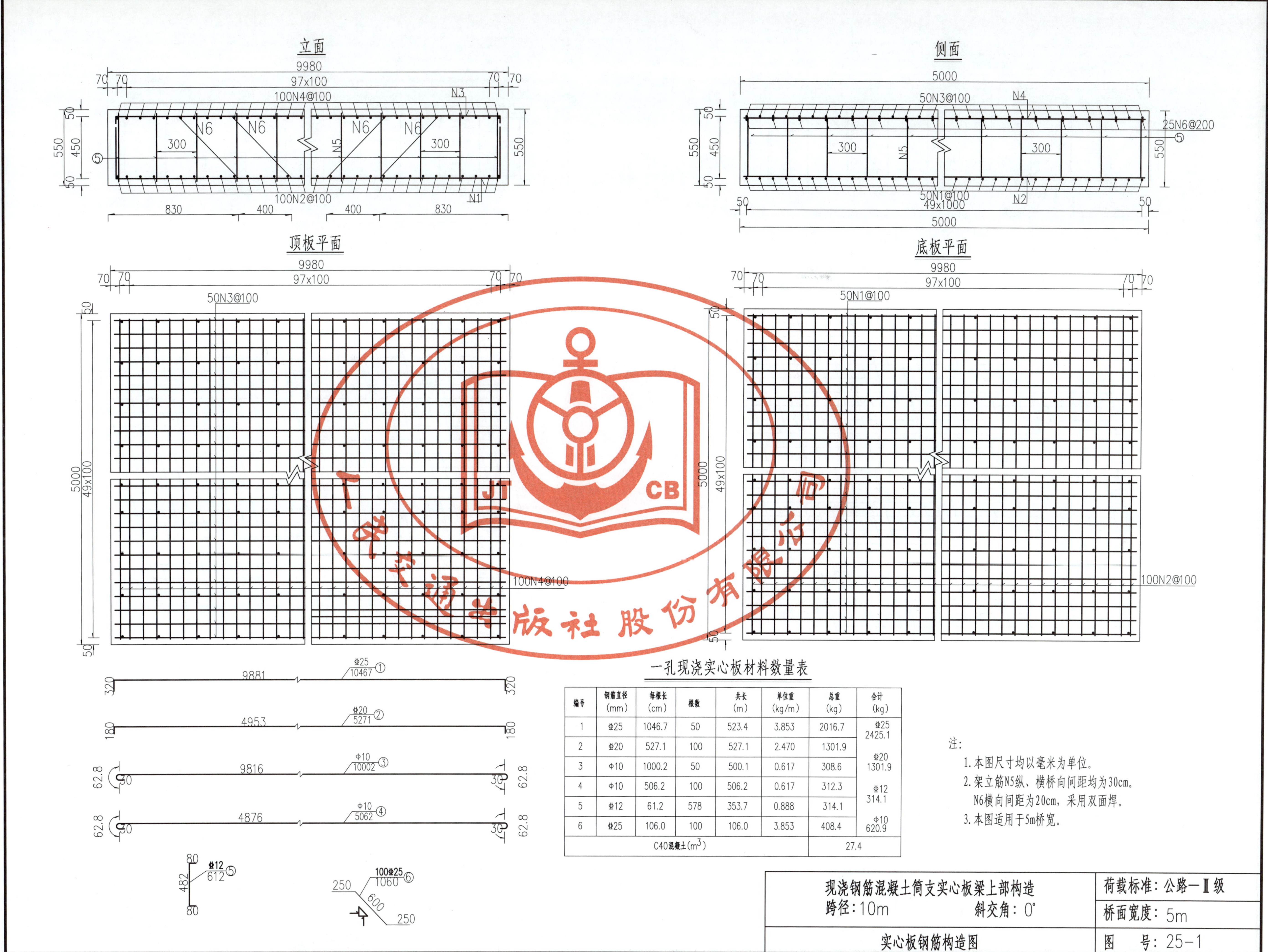

一孔现浇实心板材料数量表

编号	钢筋直径(mm)	每根长(cm)	根数	共长(m)	单位重(kg/m)	总重(kg)	合计(kg)
1	Φ25	1046.7	50	523.4	3.853	2016.7	Φ25 2425.1
2	Φ20	527.1	100	527.1	2.470	1301.9	Φ20 1301.9
3	Φ10	1000.2	50	500.1	0.617	308.6	
4	Φ10	506.2	100	506.2	0.617	312.3	Φ12 314.1
5	Φ12	61.2	578	353.7	0.888	314.1	
6	Φ25	106.0	100	106.0	3.853	408.4	Φ10 620.9
C40混凝土(m^3)						27.4	

注:

1. 本图尺寸均以毫米为单位。
2. 架立筋N5纵、横桥向间距均为30cm。N6横向间距为20cm，采用双面焊。
3. 本图适用于5m桥宽。

现浇钢筋混凝土筒支实心板梁上部构造 跨径:10m　斜交角:0°	荷载标准:公路—Ⅱ级
	桥面宽度:5m
实心板钢筋构造图	图　号:25—1

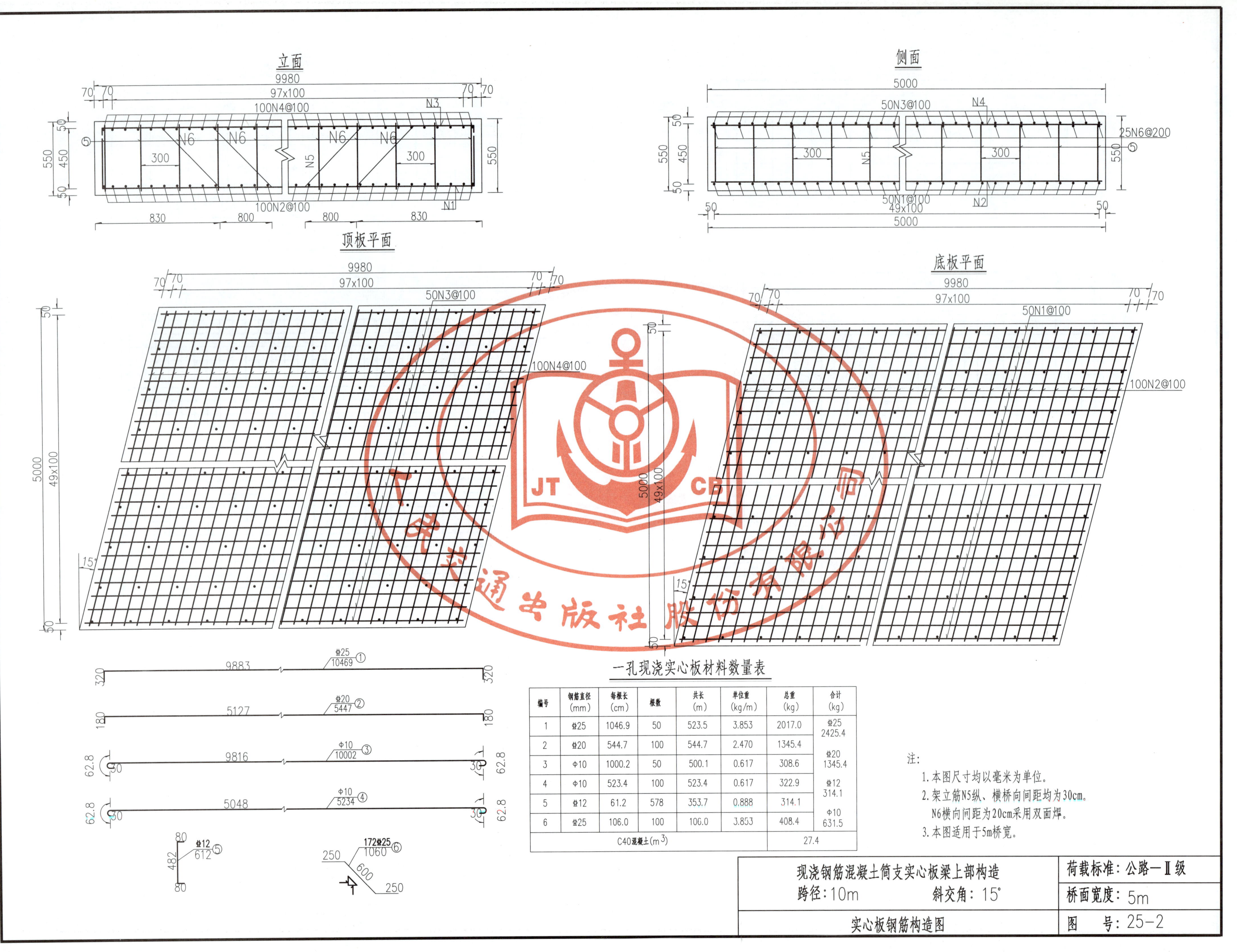

一孔现浇实心板材料数量表

编号	钢筋直径 (mm)	每根长 (cm)	根数	共长 (m)	单位重 (kg/m)	总重 (kg)	合计 (kg)
1	Φ25	1046.9	50	523.5	3.853	2017.0	Φ25 2425.4
2	Φ20	544.7	100	544.7	2.470	1345.4	Φ20 1345.4
3	φ10	1000.2	50	500.1	0.617	308.6	
4	φ10	523.4	100	523.4	0.617	322.9	Φ12 314.1
5	Φ12	61.2	578	353.7	0.888	314.1	
6	Φ25	106.0	100	106.0	3.853	408.4	φ10 631.5
C40混凝土(m³)						27.4	

注:

1. 本图尺寸均以毫米为单位。
2. 架立筋N5纵、横桥向间距均为30cm。N6横向间距为20cm采用双面焊。
3. 本图适用于5m桥宽。

现浇钢筋混凝土简支实心板梁上部构造 跨径:10m 斜交角:15°	荷载标准:公路—Ⅱ级
	桥面宽度:5m
实心板钢筋构造图	图 号:25-2

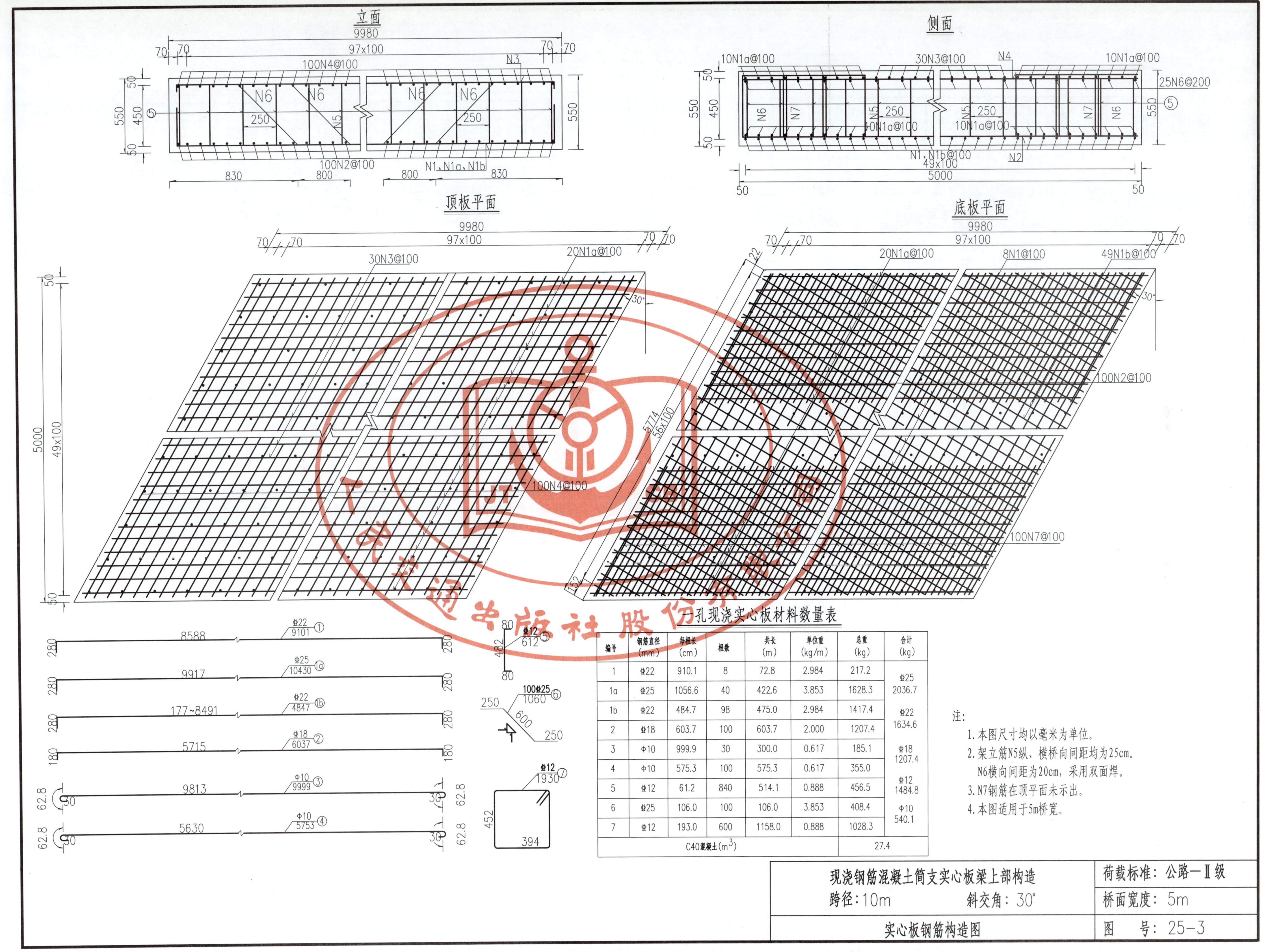

一孔现浇实心板材料数量表

编号	钢筋直径 (mm)	每根长 (cm)	根数	共长 (m)	单位重 (kg/m)	总重 (kg)	合计 (kg)
1	Φ22	910.1	8	72.8	2.984	217.2	Φ25 2036.7
1a	Φ25	1056.6	40	422.6	3.853	1628.3	
1b	Φ22	484.7	98	475.0	2.984	1417.4	Φ22 1634.6
2	Φ18	603.7	100	603.7	2.000	1207.4	
3	φ10	999.9	30	300.0	0.617	185.1	Φ18 1207.4
4	φ10	575.3	100	575.3	0.617	355.0	
5	Φ12	61.2	840	514.1	0.888	456.5	Φ12 1484.8
6	Φ25	106.0	100	106.0	3.853	408.4	φ10 540.1
7	Φ12	193.0	600	1158.0	0.888	1028.3	
C40混凝土(m^3)						27.4	

注：

1. 本图尺寸均以毫米为单位。
2. 架立筋N5纵、横桥向间距均为25cm。N6横向间距为20cm，采用双面焊。
3. N7钢筋在顶平面未示出。
4. 本图适用于5m桥宽。

现浇钢筋混凝土筒支实心板梁上部构造 跨径：10m　斜交角：30°	荷载标准：公路—Ⅱ级 桥面宽度：5m
实心板钢筋构造图	图　号：25-3

立面

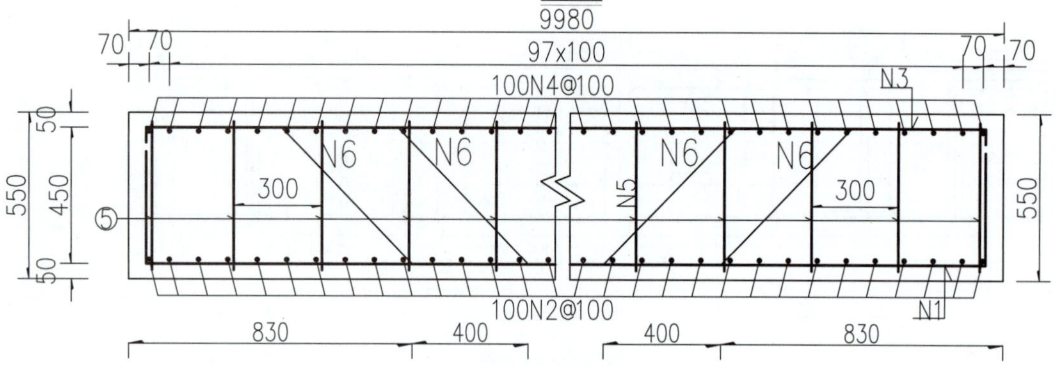

侧面

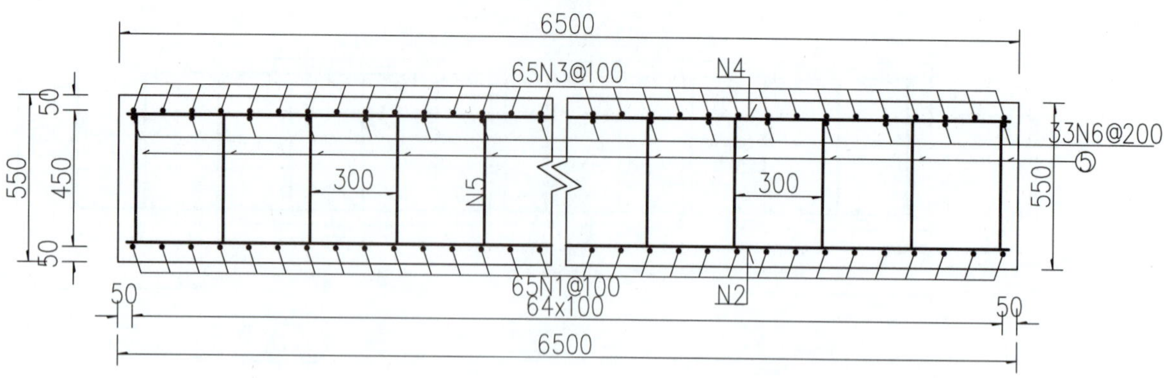

顶板平面

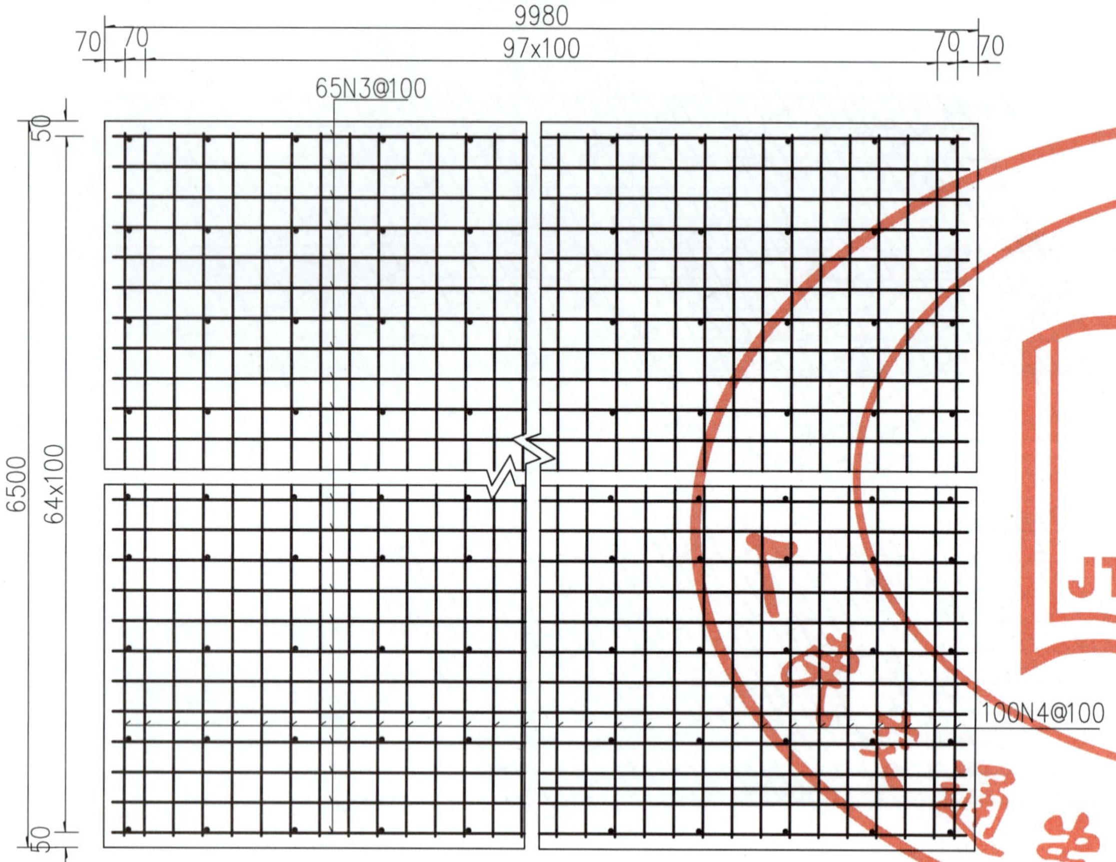

底板平面

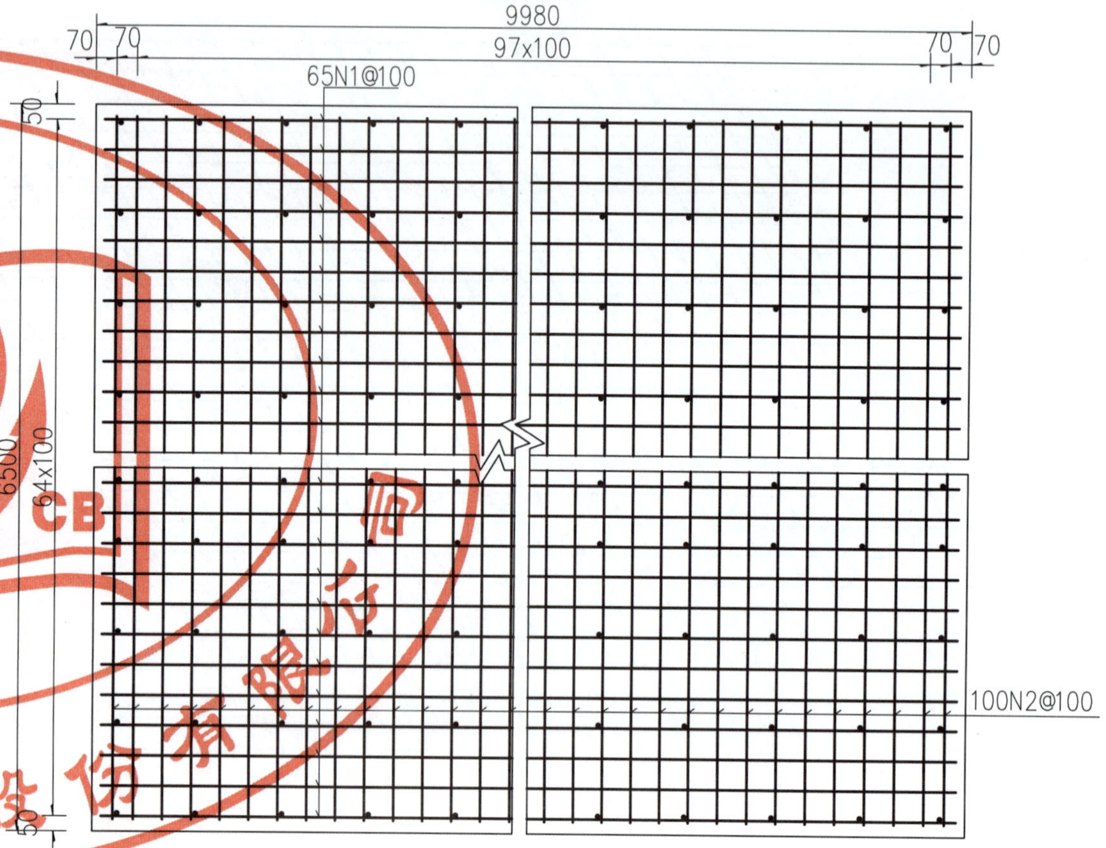

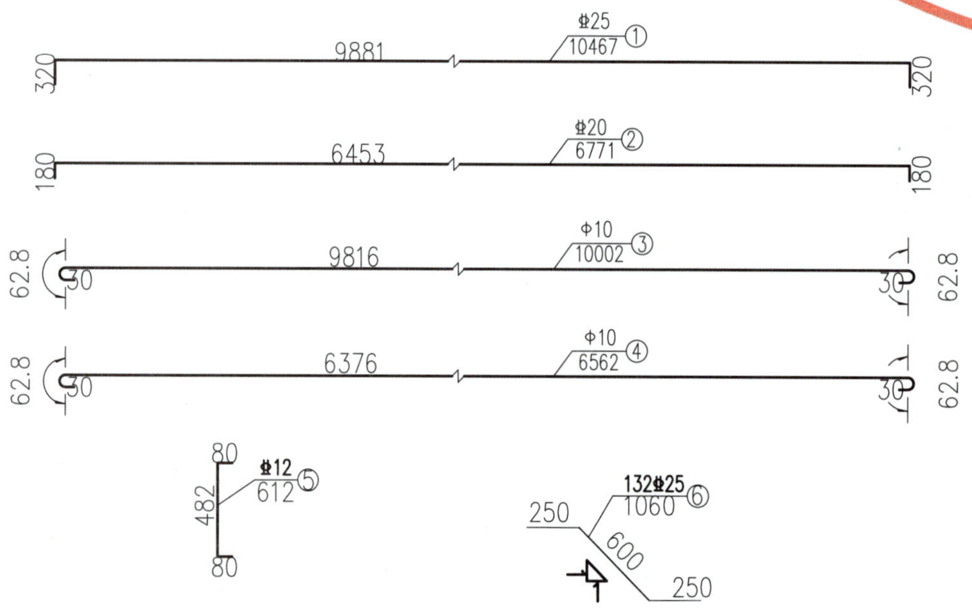

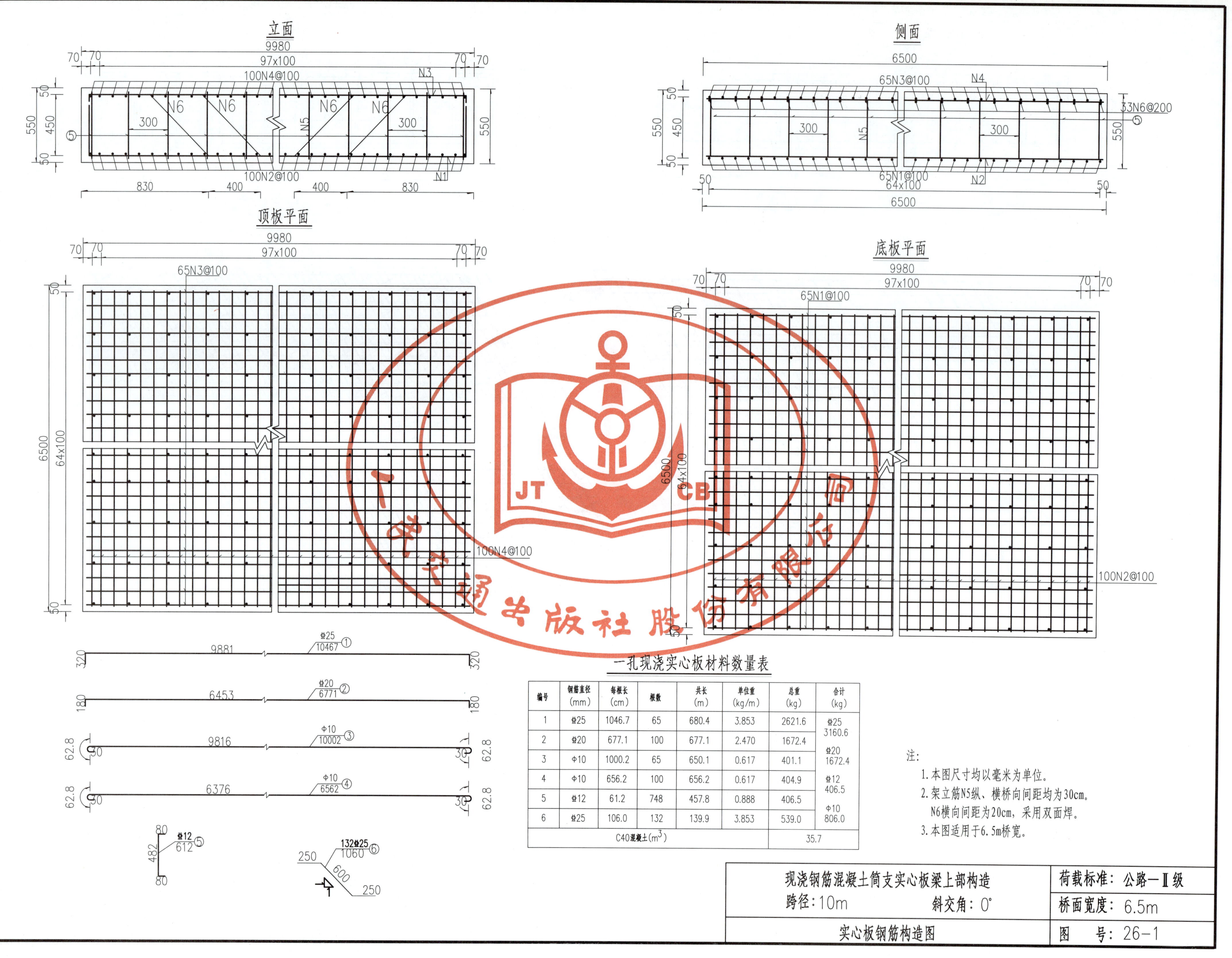

一孔现浇实心板材料数量表

编号	钢筋直径 (mm)	每根长 (cm)	根数	共长 (m)	单位重 (kg/m)	总重 (kg)	合计 (kg)
1	Φ25	1046.7	65	680.4	3.853	2621.6	Φ25 3160.6 Φ20 1672.4 Φ12 406.5 φ10 806.0
2	Φ20	677.1	100	677.1	2.470	1672.4	
3	φ10	1000.2	65	650.1	0.617	401.1	
4	φ10	656.2	100	656.2	0.617	404.9	
5	Φ12	61.2	748	457.8	0.888	406.5	
6	Φ25	106.0	132	139.9	3.853	539.0	
C40混凝土(m^3)						35.7	

注：

1. 本图尺寸均以毫米为单位。
2. 架立筋N5纵、横桥向间距均为30cm。N6横向间距为20cm，采用双面焊。
3. 本图适用于6.5m桥宽。

现浇钢筋混凝土简支实心板梁上部构造 跨径：10m　　斜交角：0°	荷载标准：公路—Ⅱ级 桥面宽度：6.5m
实心板钢筋构造图	图　号：26-1

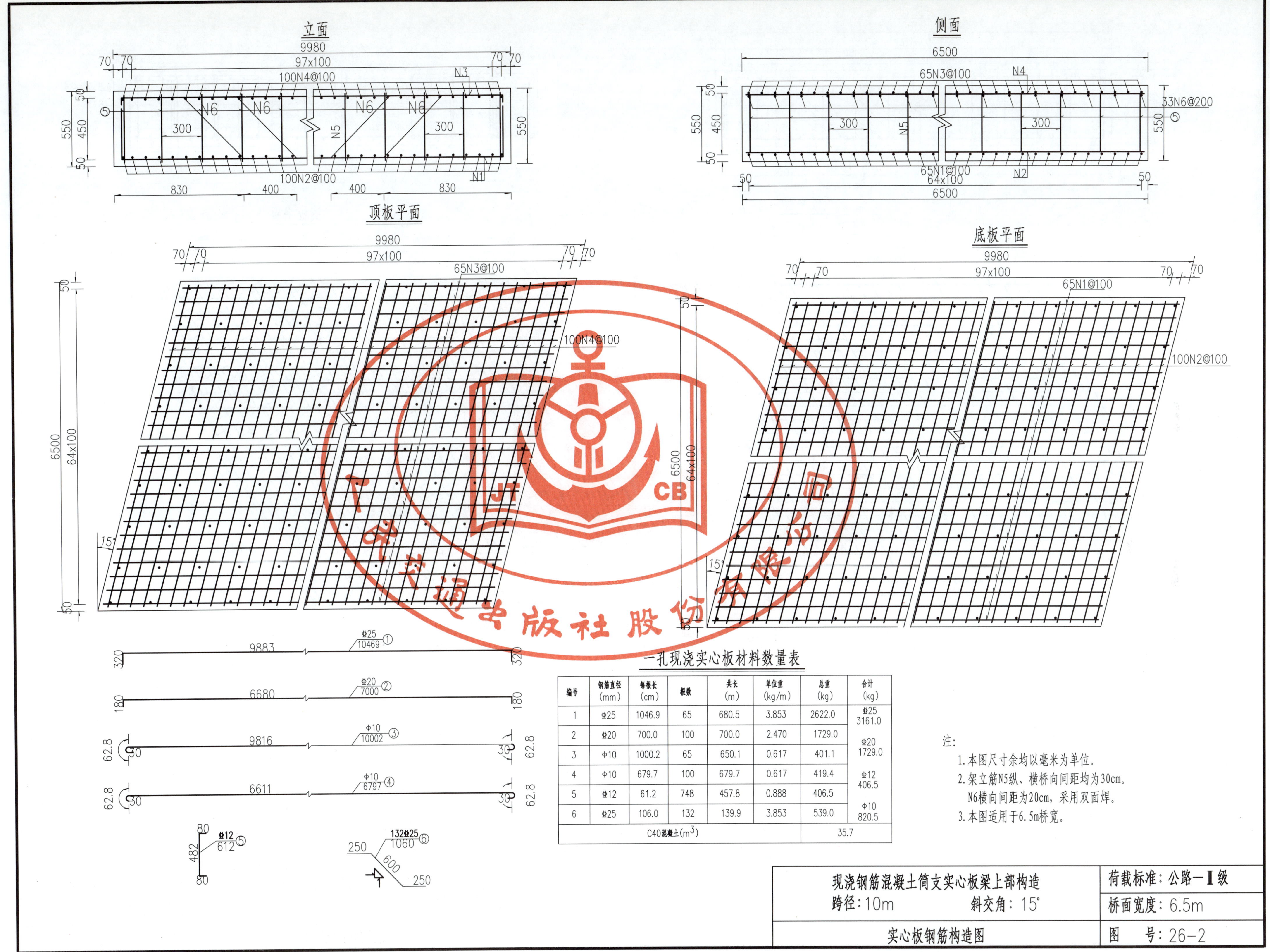

一孔现浇实心板材料数量表

编号	钢筋直径(mm)	每根长(cm)	根数	共长(m)	单位重(kg/m)	总重(kg)	合计(kg)
1	Φ25	1046.9	65	680.5	3.853	2622.0	Φ25 3161.0
2	Φ20	700.0	100	700.0	2.470	1729.0	Φ20 1729.0
3	φ10	1000.2	65	650.1	0.617	401.1	
4	φ10	679.7	100	679.7	0.617	419.4	Φ12 406.5
5	Φ12	61.2	748	457.8	0.888	406.5	
6	Φ25	106.0	132	139.9	3.853	539.0	φ10 820.5
C40混凝土(m^3)						35.7	

注：

1. 本图尺寸余均以毫米为单位。
2. 架立筋N5纵、横桥向间距均为30cm。N6横向间距为20cm，采用双面焊。
3. 本图适用于6.5m桥宽。

现浇钢筋混凝土简支实心板梁上部构造 跨径：10m　　斜交角：15°	荷载标准：公路—Ⅱ级 桥面宽度：6.5m
实心板钢筋构造图	图　号：26-2

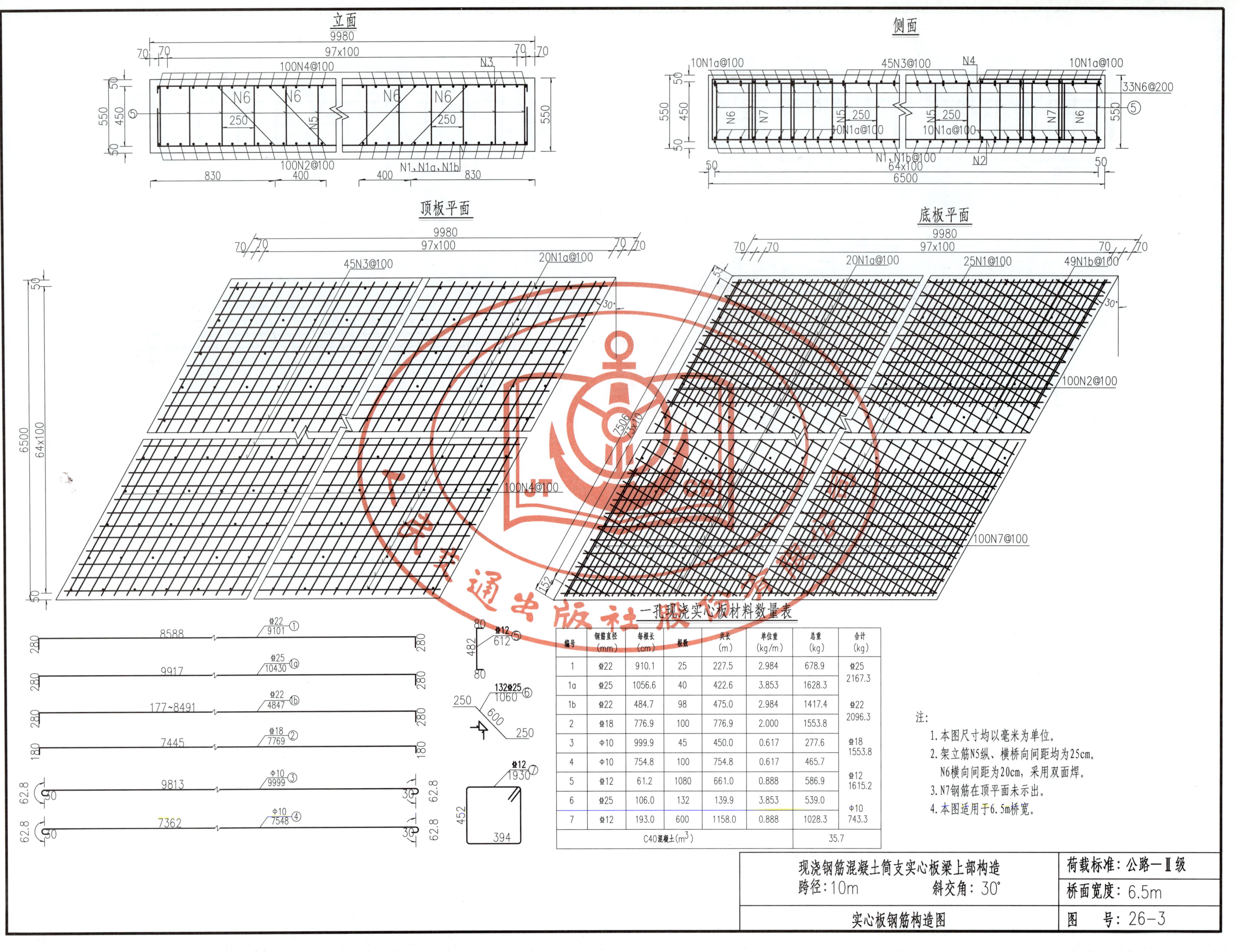

一孔现浇实心板材料数量表

编号	钢筋直径(mm)	每根长(cm)	根数	共长(m)	单位重(kg/m)	总重(kg)	合计(kg)
1	Φ22	910.1	25	227.5	2.984	678.9	Φ25 2167.3
1a	Φ25	1056.6	40	422.6	3.853	1628.3	
1b	Φ22	484.7	98	475.0	2.984	1417.4	Φ22 2096.3
2	Φ18	776.9	100	776.9	2.000	1553.8	
3	Φ10	999.9	45	450.0	0.617	277.6	Φ18 1553.8
4	Φ10	754.8	100	754.8	0.617	465.7	
5	Φ12	61.2	1080	661.0	0.888	586.9	Φ12 1615.2
6	Φ25	106.0	132	139.9	3.853	539.0	
7	Φ12	193.0	600	1158.0	0.888	1028.3	Φ10 743.3
C40混凝土(m^3)						35.7	

注：
1. 本图尺寸均以毫米为单位。
2. 架立筋N5纵、横桥向间距均为25cm。N6横向间距为20cm，采用双面焊。
3. N7钢筋在顶平面未示出。
4. 本图适用于6.5m桥宽。

现浇钢筋混凝土简支实心板梁上部构造 跨径：10m　　斜交角：30°	荷载标准：公路—Ⅱ级
	桥面宽度：6.5m
实心板钢筋构造图	图　号：26-3

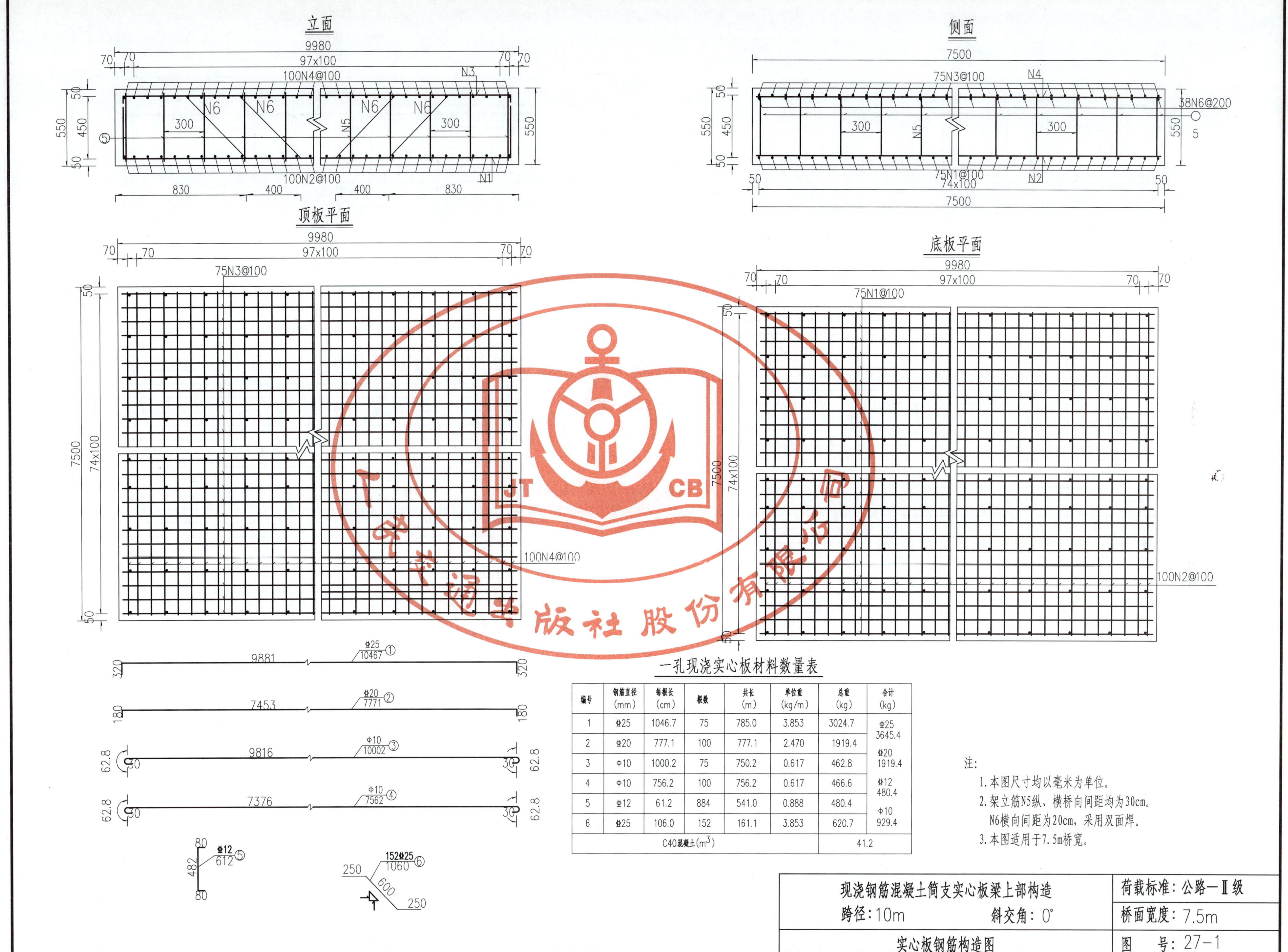

一孔现浇实心板材料数量表

编号	钢筋直径 (mm)	每根长 (cm)	根数	共长 (m)	单位重 (kg/m)	总重 (kg)	合计 (kg)
1	Φ25	1046.7	75	785.0	3.853	3024.7	Φ25 3645.4
2	Φ20	777.1	100	777.1	2.470	1919.4	Φ20 1919.4
3	φ10	1000.2	75	750.2	0.617	462.8	
4	φ10	756.2	100	756.2	0.617	466.6	Φ12 480.4
5	Φ12	61.2	884	541.0	0.888	480.4	φ10 929.4
6	Φ25	106.0	152	161.1	3.853	620.7	
C40混凝土(m^3)						41.2	

注：

1. 本图尺寸均以毫米为单位。
2. 架立筋N5纵、横桥向间距均为30cm。N6横向间距为20cm，采用双面焊。
3. 本图适用于7.5m桥宽。

现浇钢筋混凝土简支实心板梁上部构造 跨径：10m　　斜交角：0°	荷载标准：公路—Ⅱ级 桥面宽度：7.5m
实心板钢筋构造图	图　号：27-1

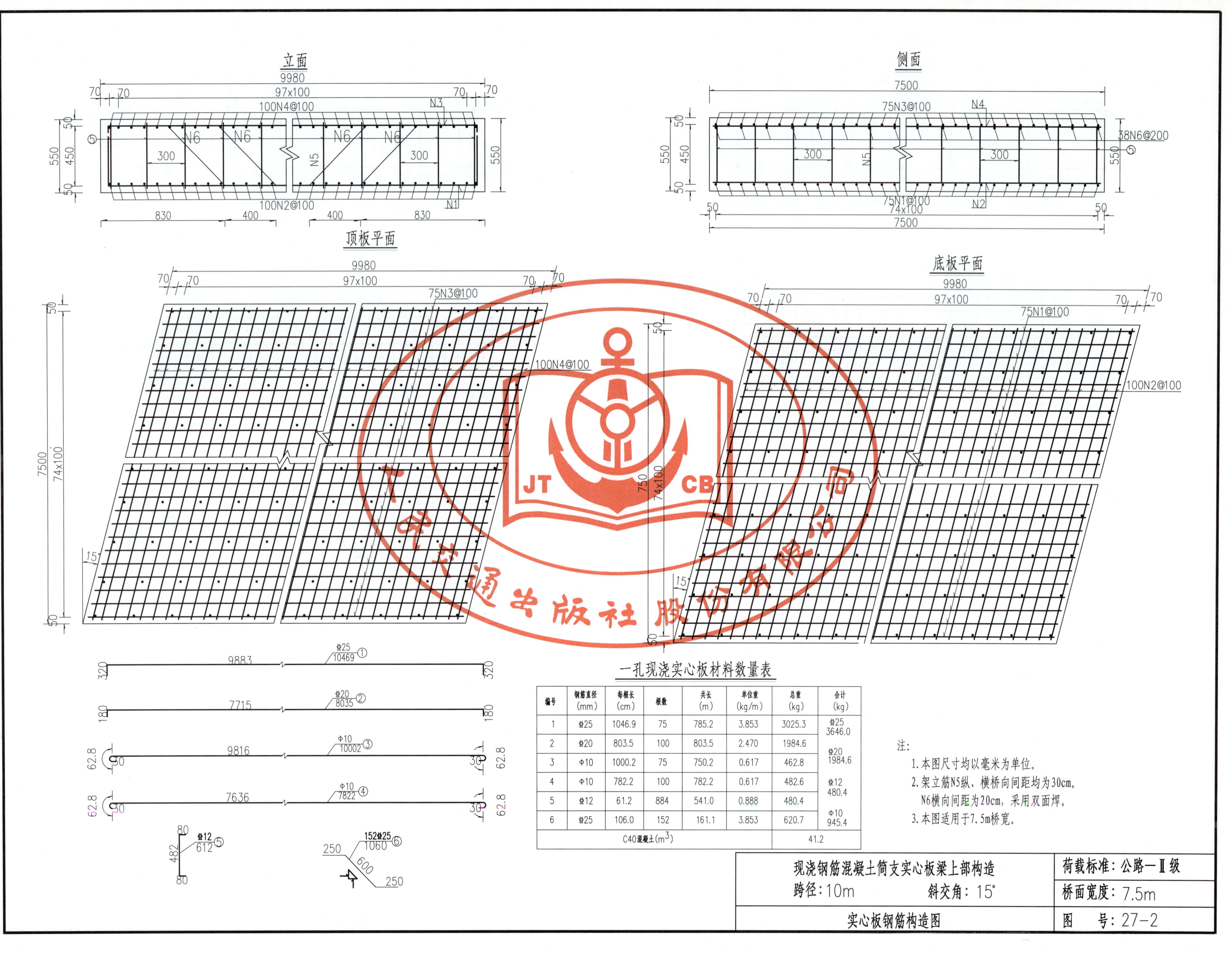

一孔现浇实心板材料数量表

编号	钢筋直径(mm)	每根长(cm)	根数	共长(m)	单位重(kg/m)	总重(kg)	合计(kg)
1	Φ25	1046.9	75	785.2	3.853	3025.3	Φ25 3646.0
2	Φ20	803.5	100	803.5	2.470	1984.6	Φ20 1984.6
3	Φ10	1000.2	75	750.2	0.617	462.8	
4	Φ10	782.2	100	782.2	0.617	482.6	Φ12 480.4
5	Φ12	61.2	884	541.0	0.888	480.4	
6	Φ25	106.0	152	161.1	3.853	620.7	Φ10 945.4
C40混凝土(m^3)						41.2	

注:
1. 本图尺寸均以毫米为单位。
2. 架立筋N5纵、横桥向间距均为30cm。N6横向间距为20cm，采用双面焊。
3. 本图适用于7.5m桥宽。

现浇钢筋混凝土简支实心板梁上部构造 跨径：10m 斜交角：15°	荷载标准：公路—Ⅱ级
	桥面宽度：7.5m
实心板钢筋构造图	图 号：27-2

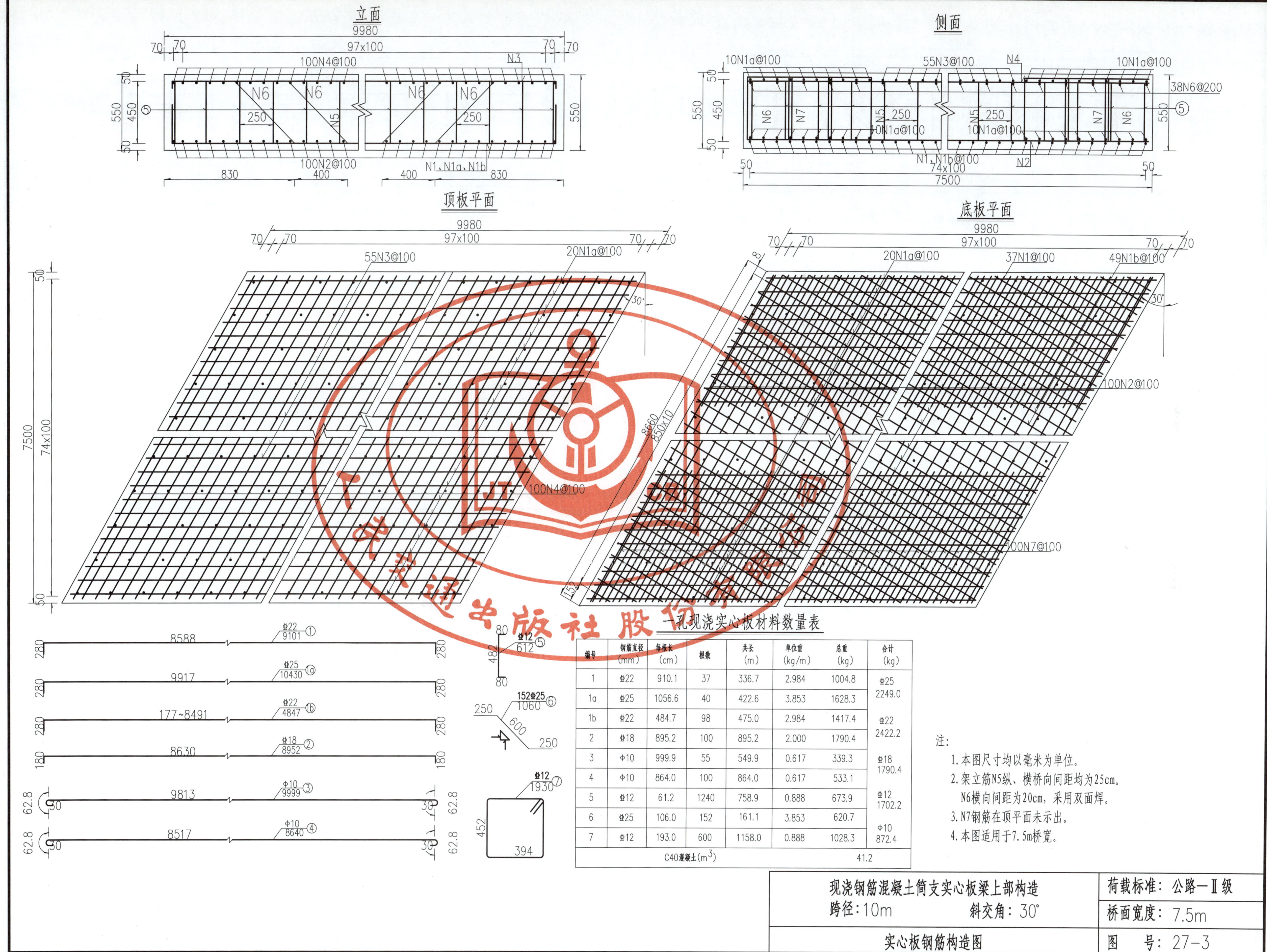

一孔现浇实心板材料数量表

编号	钢筋直径(mm)	每根长(cm)	根数	共长(m)	单位重(kg/m)	总重(kg)	合计(kg)
1	Φ22	910.1	37	336.7	2.984	1004.8	Φ25 2249.0
1a	Φ25	1056.6	40	422.6	3.853	1628.3	
1b	Φ22	484.7	98	475.0	2.984	1417.4	Φ22 2422.2
2	Φ18	895.2	100	895.2	2.000	1790.4	
3	Φ10	999.9	55	549.9	0.617	339.3	Φ18 1790.4
4	Φ10	864.0	100	864.0	0.617	533.1	
5	Φ12	61.2	1240	758.9	0.888	673.9	Φ12 1702.2
6	Φ25	106.0	152	161.1	3.853	620.7	
7	Φ12	193.0	600	1158.0	0.888	1028.3	Φ10 872.4
C40混凝土(m^3)						41.2	

注：

1. 本图尺寸均以毫米为单位。
2. 架立筋N5纵、横桥向间距均为25cm。N6横向间距为20cm，采用双面焊。
3. N7钢筋在顶平面未示出。
4. 本图适用于7.5m桥宽。

现浇钢筋混凝土简支实心板梁上部构造 跨径：10m　　斜交角：30°	荷载标准：公路—Ⅱ级
	桥面宽度：7.5m
实心板钢筋构造图	图　号：27-3

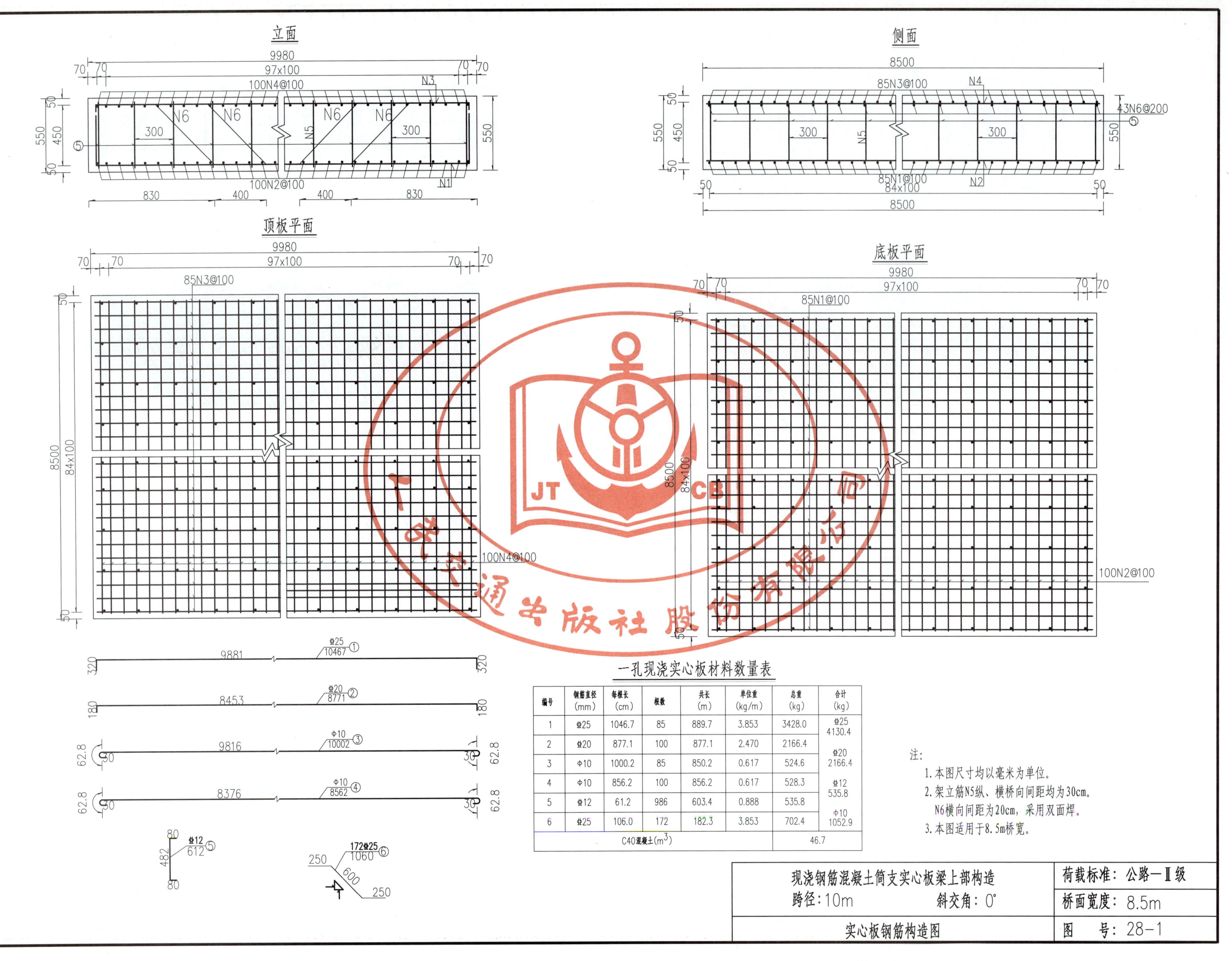

一孔现浇实心板材料数量表

编号	钢筋直径 (mm)	每根长 (cm)	根数	共长 (m)	单位重 (kg/m)	总重 (kg)	合计 (kg)
1	Φ25	1046.7	85	889.7	3.853	3428.0	Φ25 4130.4
2	Φ20	877.1	100	877.1	2.470	2166.4	Φ20 2166.4
3	φ10	1000.2	85	850.2	0.617	524.6	
4	φ10	856.2	100	856.2	0.617	528.3	Φ12 535.8
5	Φ12	61.2	986	603.4	0.888	535.8	
6	Φ25	106.0	172	182.3	3.853	702.4	φ10 1052.9
C40混凝土(m^3)						46.7	

注：

1. 本图尺寸均以毫米为单位。
2. 架立筋N5纵、横桥向间距均为30cm。N6横桥向间距为20cm，采用双面焊。
3. 本图适用于8.5m桥宽。

现浇钢筋混凝土简支实心板梁上部构造 跨径：10m 斜交角：0°	荷载标准：公路—Ⅱ级
	桥面宽度：8.5m
实心板钢筋构造图	图 号：28-1

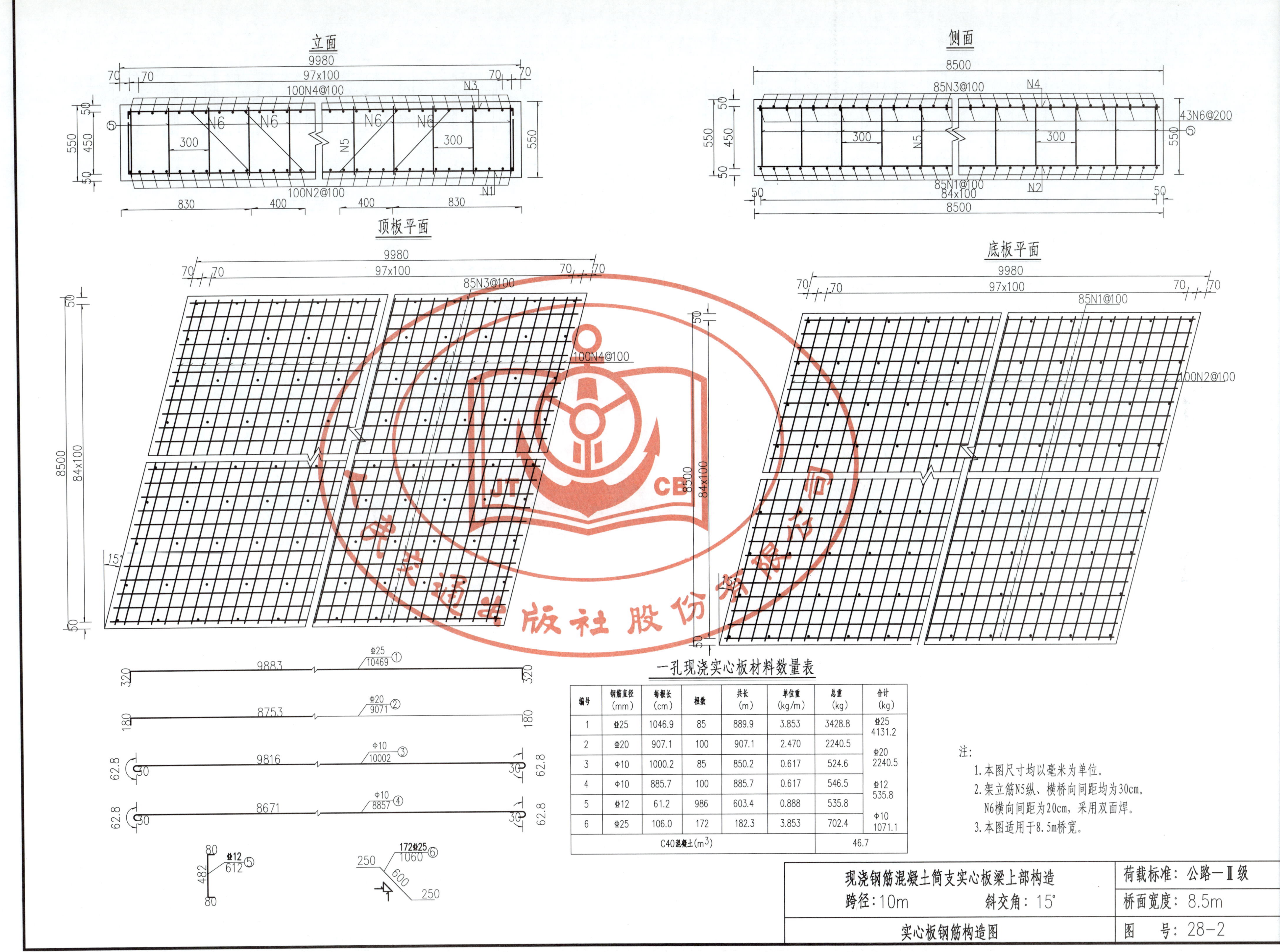

一孔现浇实心板材料数量表

编号	钢筋直径 (mm)	每根长 (cm)	根数	共长 (m)	单位重 (kg/m)	总重 (kg)	合计 (kg)
1	Φ25	1046.9	85	889.9	3.853	3428.8	Φ25 4131.2
2	Φ20	907.1	100	907.1	2.470	2240.5	Φ20 2240.5
3	φ10	1000.2	85	850.2	0.617	524.6	
4	φ10	885.7	100	885.7	0.617	546.5	Φ12 535.8
5	Φ12	61.2	986	603.4	0.888	535.8	
6	Φ25	106.0	172	182.3	3.853	702.4	φ10 1071.1
C40混凝土(m^3)						46.7	

注：

1. 本图尺寸均以毫米为单位。
2. 架立筋N5纵、横桥向间距均为30cm。N6横向间距为20cm，采用双面焊。
3. 本图适用于8.5m桥宽。

现浇钢筋混凝土简支实心板梁上部构造 跨径：10m　斜交角：15°	荷载标准：公路—Ⅱ级 桥面宽度：8.5m
实心板钢筋构造图	图　号：28-2

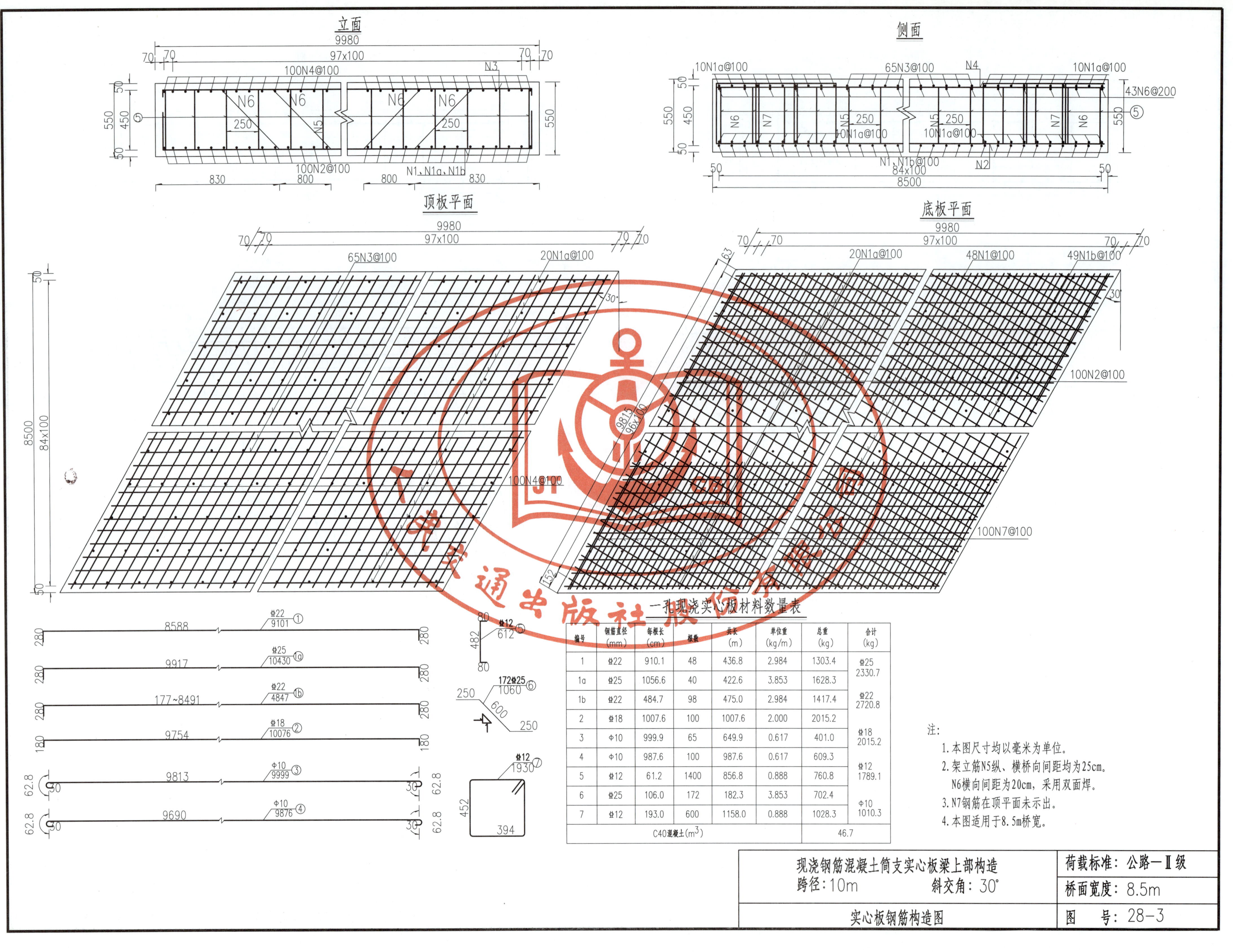

一孔现浇实心板材料数量表

编号	钢筋直径 (mm)	每根长 (cm)	根数	共长 (m)	单位重 (kg/m)	总重 (kg)	合计 (kg)
1	Φ22	910.1	48	436.8	2.984	1303.4	Φ25 2330.7
1a	Φ25	1056.6	40	422.6	3.853	1628.3	
1b	Φ22	484.7	98	475.0	2.984	1417.4	Φ22 2720.8
2	Φ18	1007.6	100	1007.6	2.000	2015.2	
3	ϕ10	999.9	65	649.9	0.617	401.0	Φ18 2015.2
4	ϕ10	987.6	100	987.6	0.617	609.3	
5	Φ12	61.2	1400	856.8	0.888	760.8	Φ12 1789.1
6	Φ25	106.0	172	182.3	3.853	702.4	
7	Φ12	193.0	600	1158.0	0.888	1028.3	ϕ10 1010.3
C40混凝土(m^3)						46.7	

注：
1. 本图尺寸均以毫米为单位。
2. 架立筋N5纵、横桥向间距均为25cm。N6横向间距为20cm，采用双面焊。
3. N7钢筋在顶平面未示出。
4. 本图适用于8.5m桥宽。

现浇钢筋混凝土简支实心板梁上部构造 跨径：10m　斜交角：30°	荷载标准：公路—Ⅱ级 桥面宽度：8.5m
实心板钢筋构造图	图　号：28-3

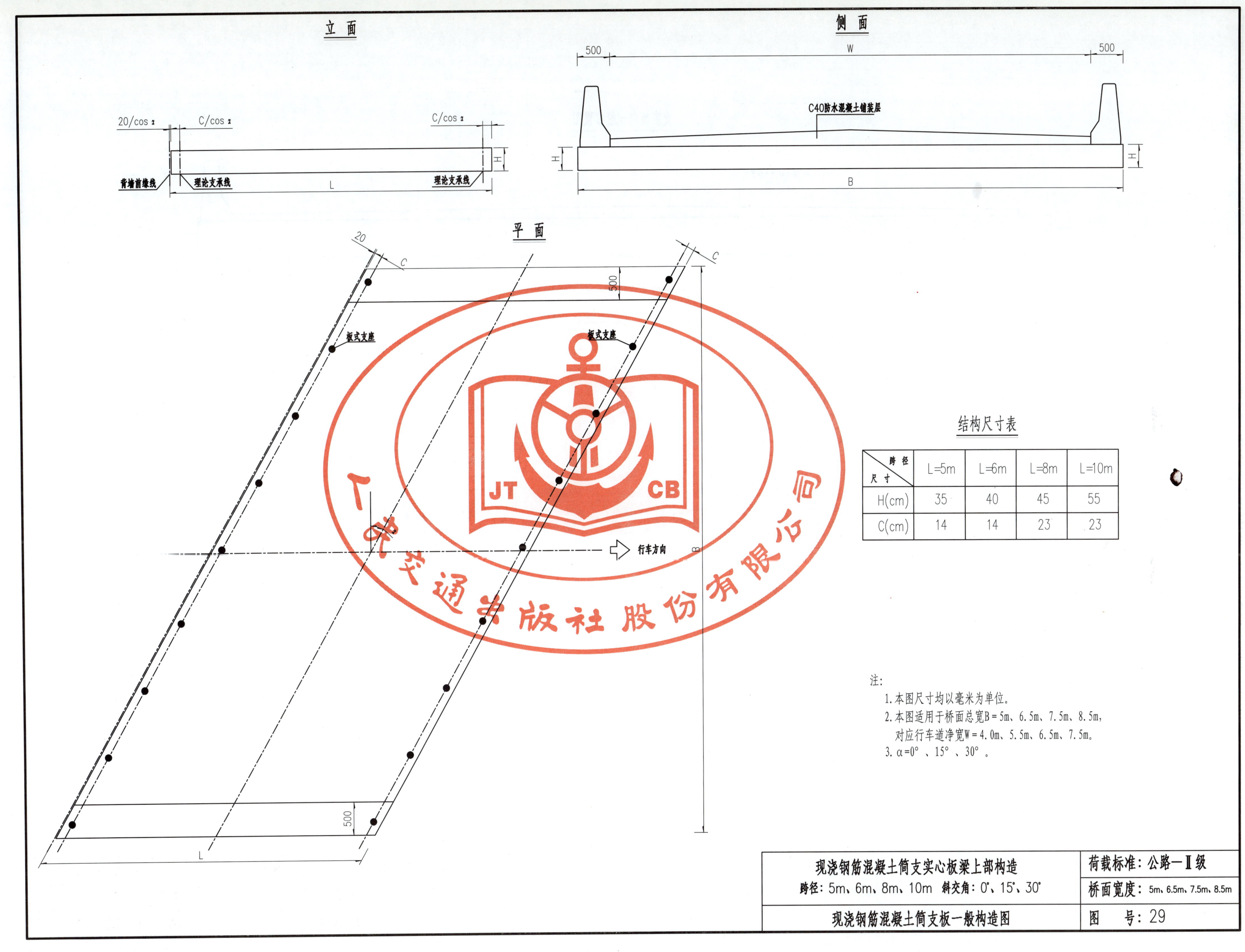

结构尺寸表

尺寸 \ 跨径	L=5m	L=6m	L=8m	L=10m
H(cm)	35	40	45	55
C(cm)	14	14	23	23

注:

1. 本图尺寸均以毫米为单位。
2. 本图适用于桥面总宽B＝5m、6.5m、7.5m、8.5m，对应行车道净宽W＝4.0m、5.5m、6.5m、7.5m。
3. α=0°、15°、30°。

现浇钢筋混凝土简支实心板梁上部构造 跨径：5m、6m、8m、10m　斜交角：0°、15°、30°	荷载标准：公路—Ⅱ级 桥面宽度：5m、6.5m、7.5m、8.5m
现浇钢筋混凝土简支板一般构造图	图　号：29

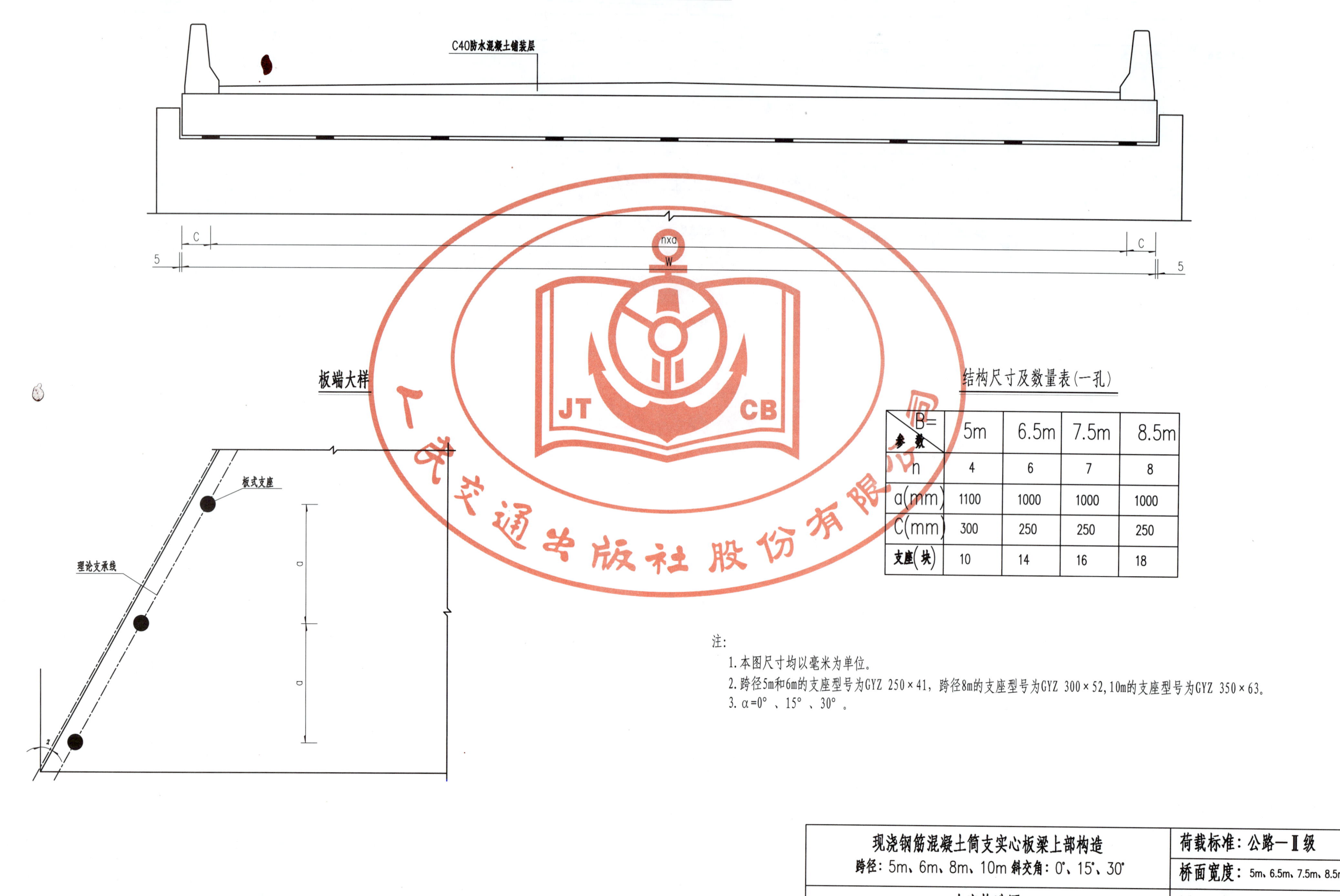

结构尺寸及数量表(一孔)

参数 \ B=	5m	6.5m	7.5m	8.5m
n	4	6	7	8
a(mm)	1100	1000	1000	1000
C(mm)	300	250	250	250
支座(块)	10	14	16	18

注:

1. 本图尺寸均以毫米为单位。
2. 跨径5m和6m的支座型号为GYZ 250×41，跨径8m的支座型号为GYZ 300×52,10m的支座型号为GYZ 350×63。
3. α=0°、15°、30°。

现浇钢筋混凝土简支实心板梁上部构造 跨径：5m、6m、8m、10m 斜交角：0°、15°、30°	荷载标准：公路—Ⅱ级
	桥面宽度：5m、6.5m、7.5m、8.5m
支座构造图	图　　号：30

顶板角隅加强钢筋

底板角隅加强钢筋

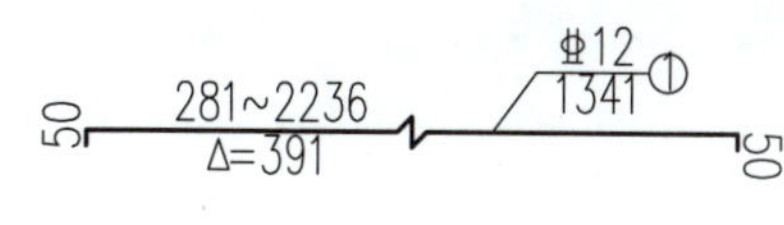

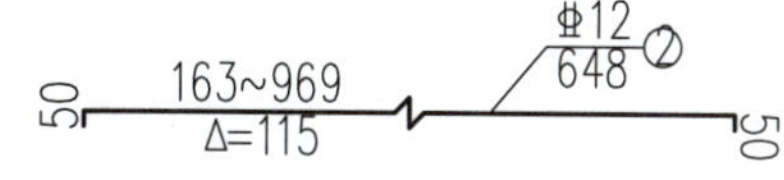

钢筋明细表

编号	直径(mm)	每根长(cm)	根数	共长(m)	单位重(kg/m)	总重(kg)	合计(kg)
1	Φ12	134.1	12	16.1	0.888	14.3	31.6
2	Φ12	64.8	30	19.5	0.888	17.3	

注：

本图尺寸均以毫米为单位。

现浇钢筋混凝土简支实心板梁上部构造 跨径：5m、6m、8m、10m　斜交角：15°	荷载标准：公路—Ⅱ级 桥面宽度：5m、6.5m、7.5m、8.5m
桥面角隅加强钢筋构造图	图　号：31-1

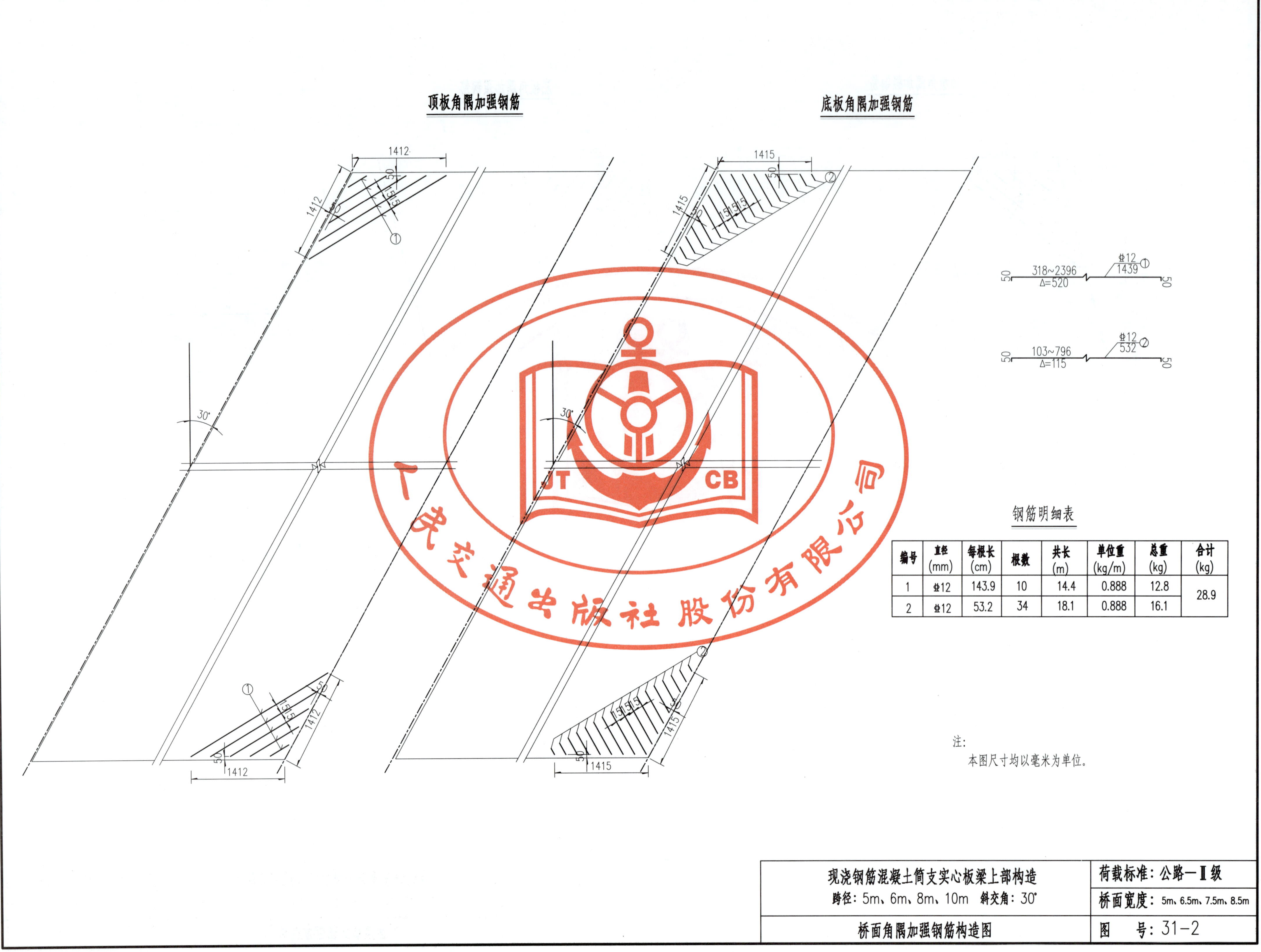

钢筋明细表

编号	直径 (mm)	每根长 (cm)	根数	共长 (m)	单位重 (kg/m)	总重 (kg)	合计 (kg)
1	Φ12	143.9	10	14.4	0.888	12.8	28.9
2	Φ12	53.2	34	18.1	0.888	16.1	

注：
本图尺寸均以毫米为单位。

现浇钢筋混凝土简支实心板梁上部构造 跨径：5m、6m、8m、10m　斜交角：30°	荷载标准：公路—Ⅱ级 桥面宽度：5m、6.5m、7.5m、8.5m
桥面角隅加强钢筋构造图	图　号：31-2

桥面铺装配筋横断面

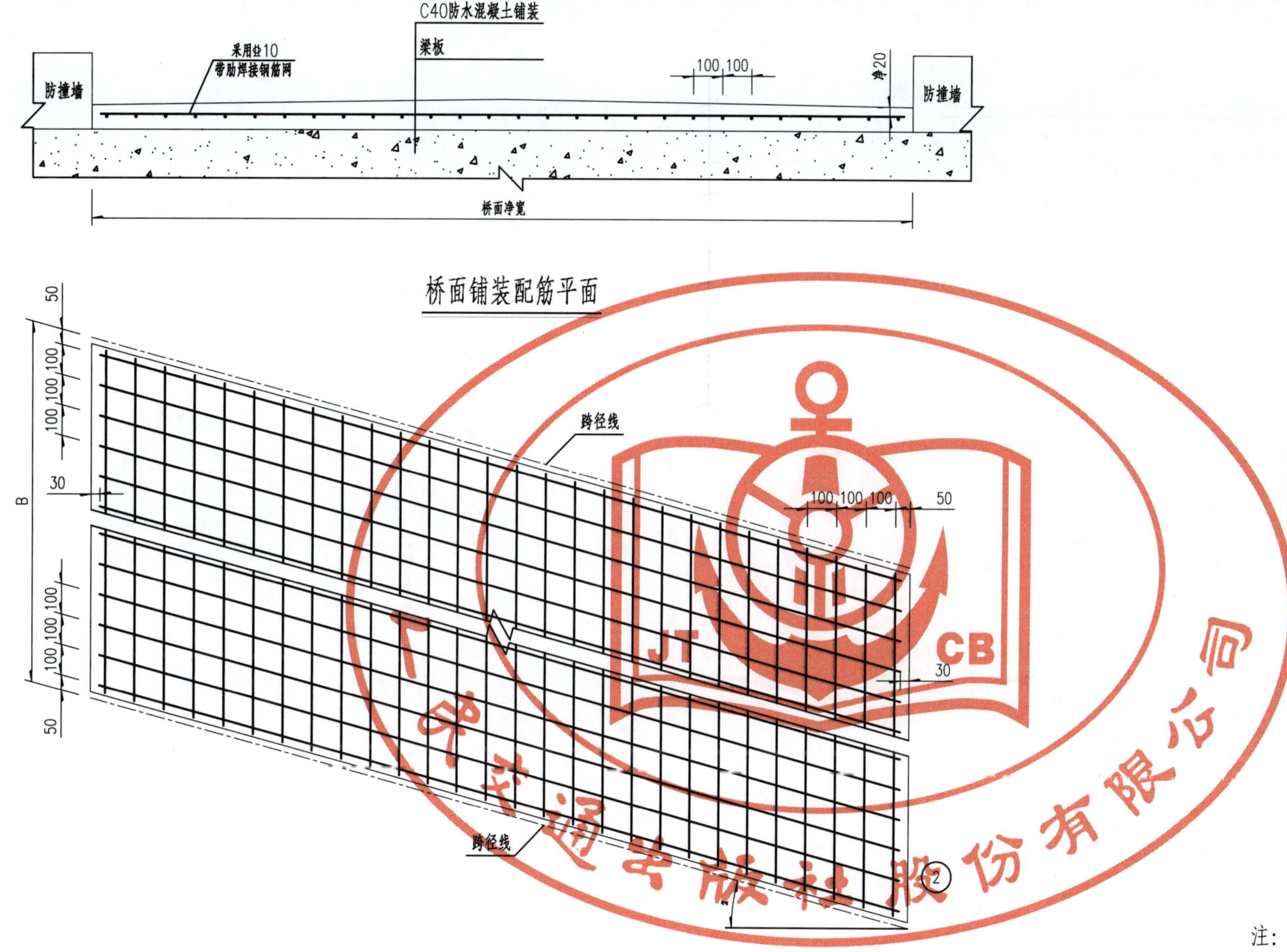

一孔桥面铺装工程数量表(L=5m)

桥面宽度	焊接钢筋网 (kg)	C40防水混凝土 (m^3)
净4m	246.60	2.30
净5.5m	339.08	3.30
净6.5m	400.73	4.05
净7.5m	462.38	4.80

注:

本图尺寸均以毫米为单位。

桥面铺装配筋纵断面

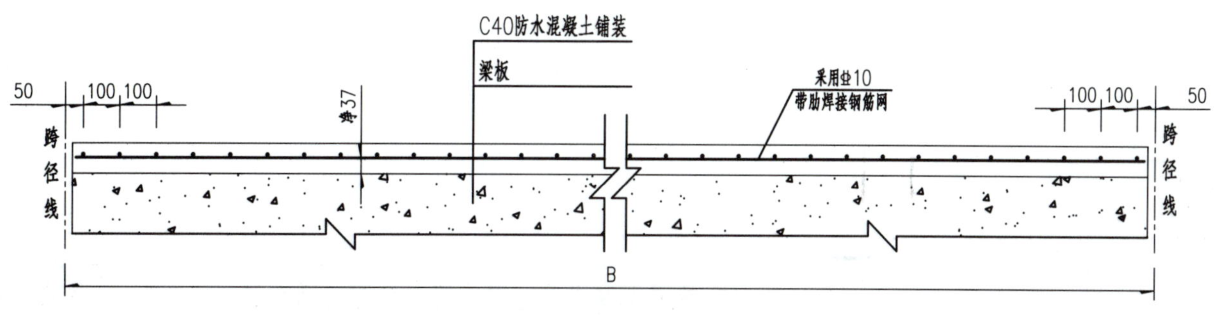

现浇钢筋混凝土简支实心板梁上部构造 跨径:5m　斜交角:0°、15°、30°	荷载标准:公路—Ⅱ级
	桥面宽度:5m、6.5m、7.5m、8.5m
桥面铺装钢筋构造图	图　号:32-1

桥面铺装配筋横断面

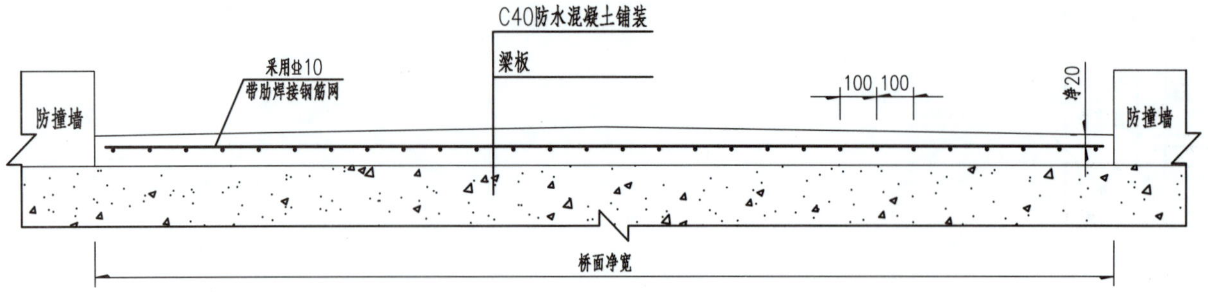

C40防水混凝土铺装
梁板
采用Φ10
带肋焊接钢筋网
防撞墙
净20
桥面净宽

桥面铺装配筋平面

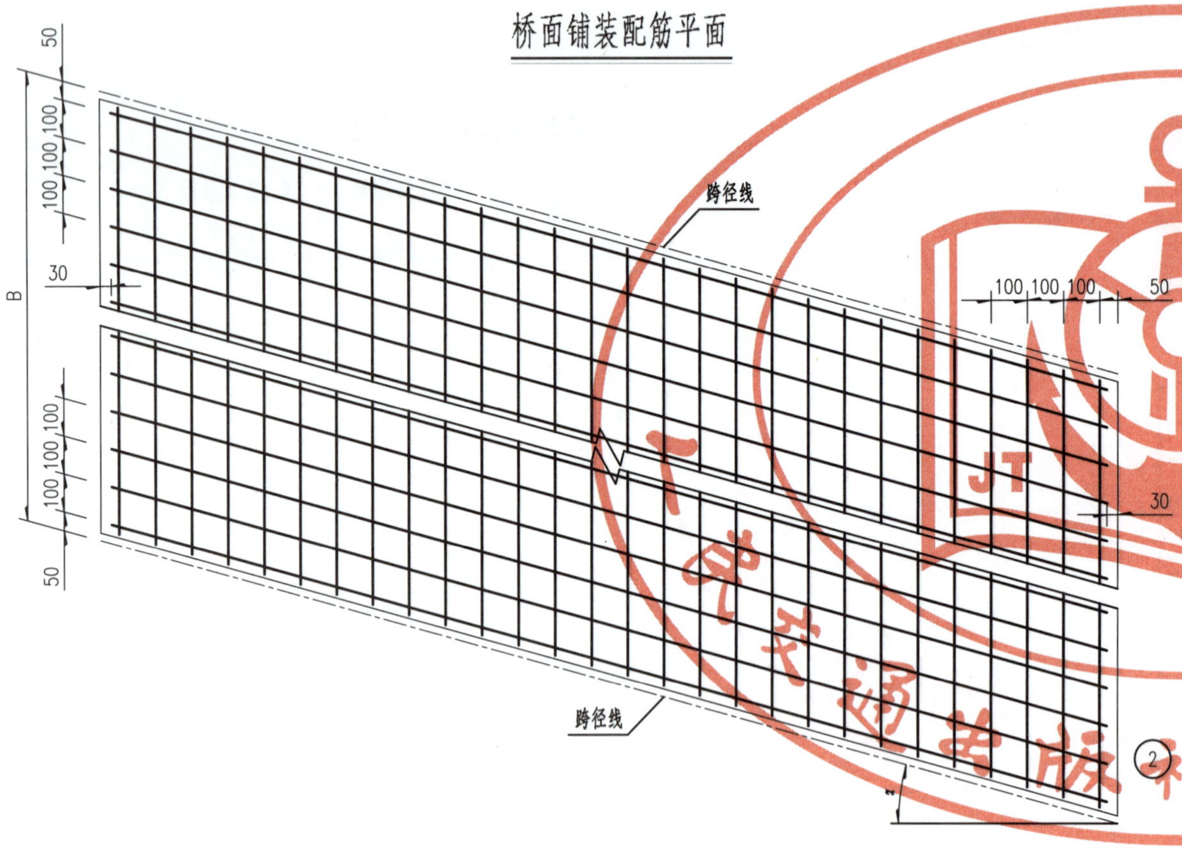

跨径线

一孔桥面铺装工程数量表(L=6m)

桥面宽度	焊接钢筋网(kg)	C40防水混凝土(m^3)
净4m	295.92	2.76
净5.5m	406.90	3.96
净6.5m	480.88	4.86
净7.5m	554.86	5.76

注：
本图尺寸均以毫米为单位。

桥面铺装配筋纵断面

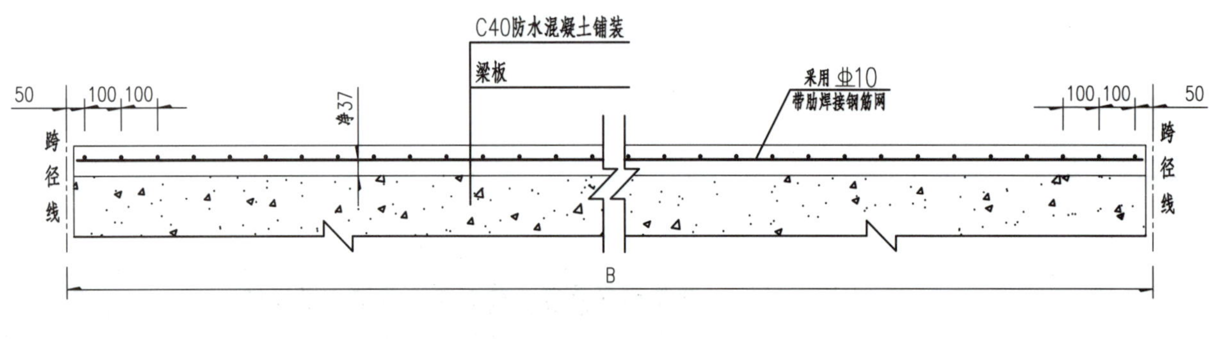

现浇钢筋混凝土简支实心板梁上部构造 跨径：6m 斜交角：0°、15°、30°	荷载标准：公路—Ⅱ级
	桥面宽度：5m、6.5m、7.5m、8.5m
桥面铺装钢筋构造图	图 号：32-2

桥面铺装配筋横断面

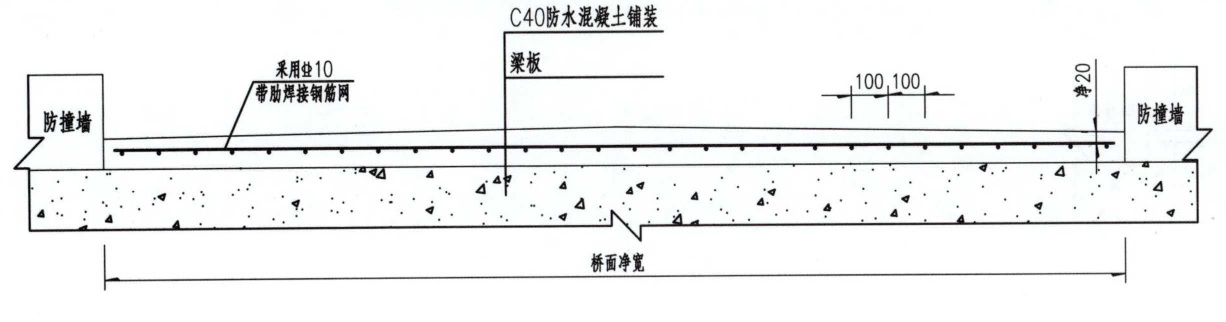

桥面铺装配筋平面

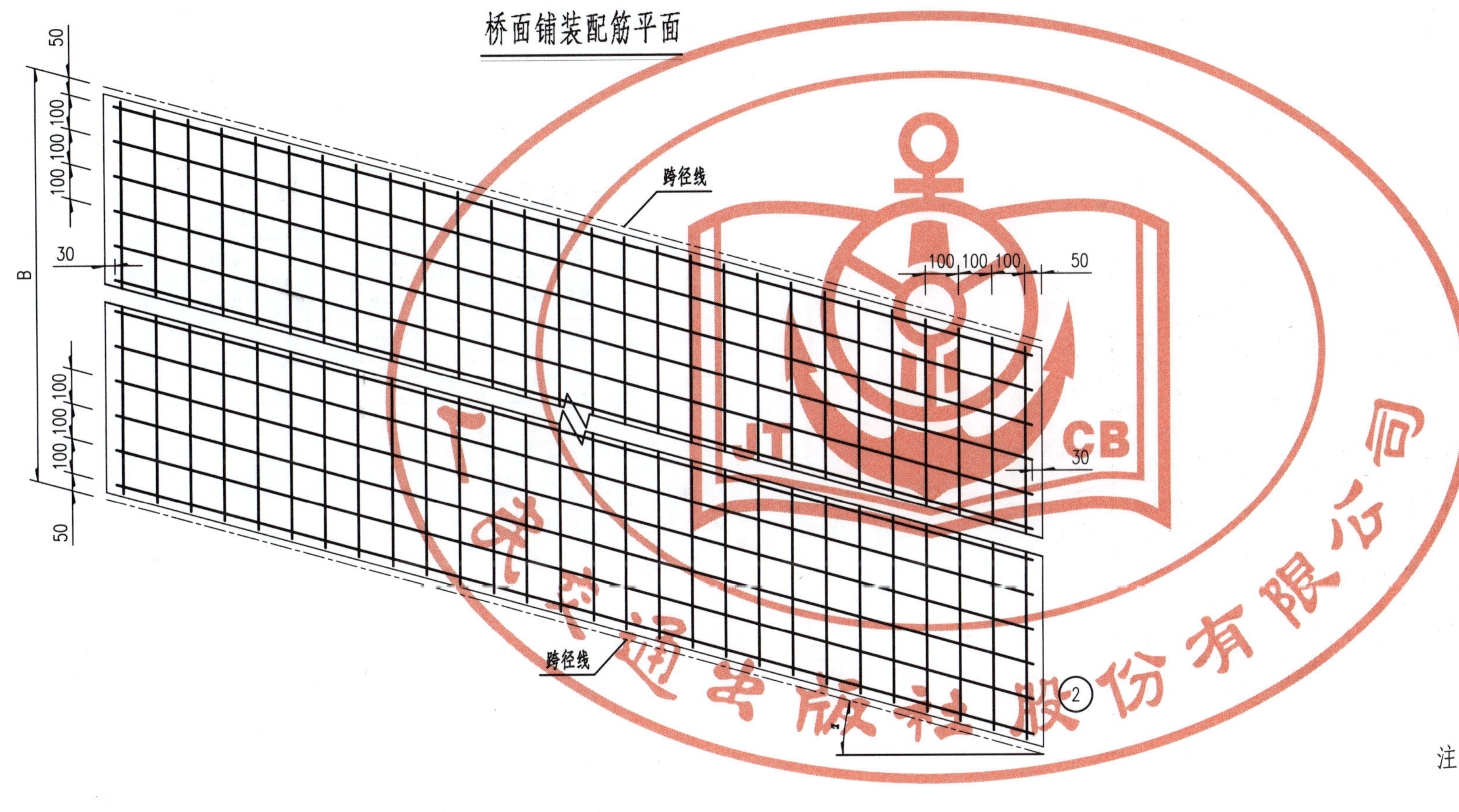

一孔桥面铺装工程数量表(L=8m)

桥面宽度	焊接钢筋网 (kg)	C40防水混凝土 (m^3)
净4m	394.56	3.68
净5.5m	542.53	5.28
净6.5m	641.17	6.48
净7.5m	739.81	7.68

注:

本图尺寸均以毫米为单位。

桥面铺装配筋纵断面

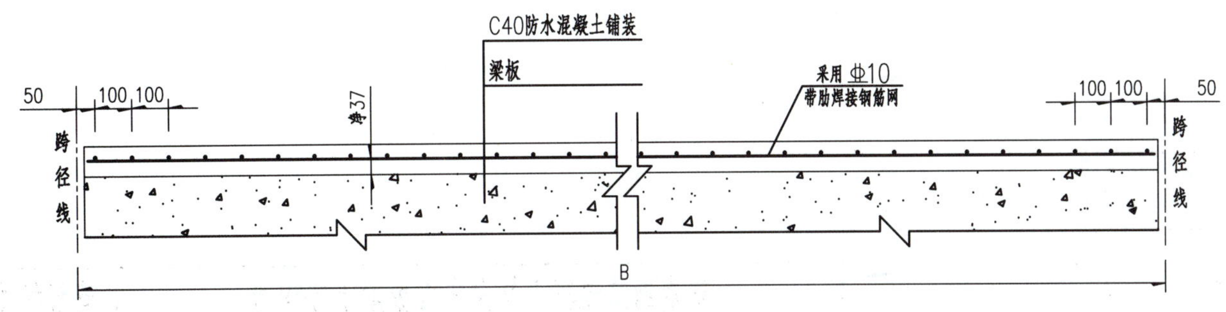

现浇钢筋混凝土简支实心板梁上部构造	荷载标准：公路—Ⅱ级
跨径：8m　斜交角：0°、15°、30°	桥面宽度：5m、6.5m、7.5m、8.5m
桥面铺装钢筋构造图	图　号：32-3

桥面铺装配筋横断面

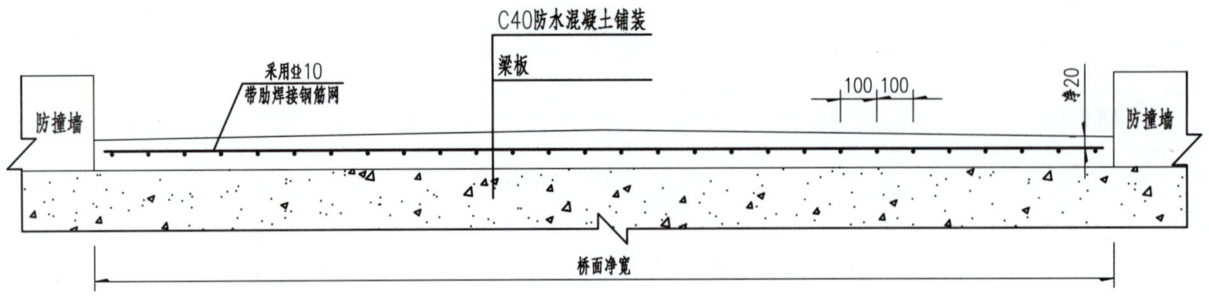

C40防水混凝土铺装
梁板
采用φ10
带肋焊接钢筋网
100 100
净20
防撞墙
防撞墙
桥面净宽

桥面铺装配筋平面

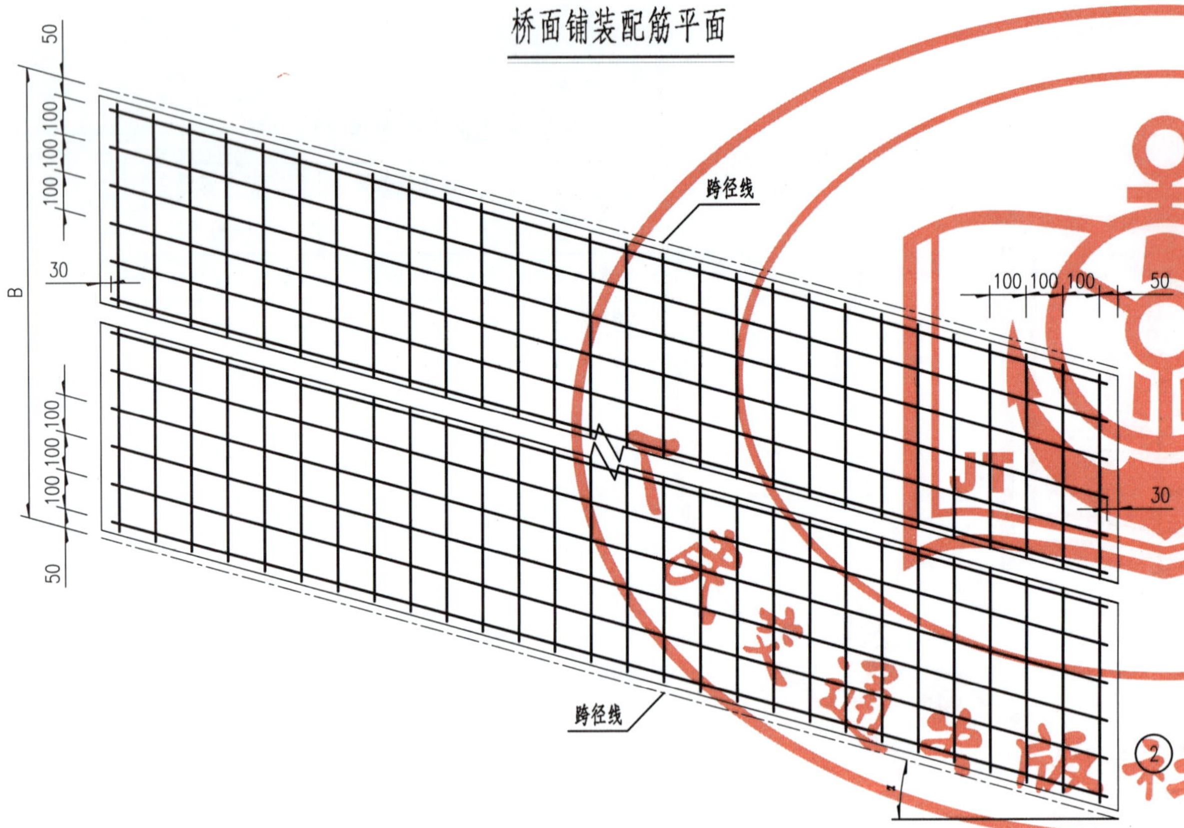

50
100 100 100
30
B
100 100 100
50
跨径线
100 100 100
50
30
跨径线
②

桥面铺装配筋纵断面

C40防水混凝土铺装
梁板
采用φ10
带肋焊接钢筋网
50
100 100
净37
100 100
50
跨径线
跨径线
B

一孔桥面铺装圬工数量表(L=10m)

桥面宽度	焊接钢筋网 (kg)	C40防水混凝土 (m^3)
净4m	493.20	4.60
净5.5m	678.16	6.60
净6.5m	801.46	8.10
净7.5m	924.76	9.60

注：

本图尺寸均以毫米为单位。

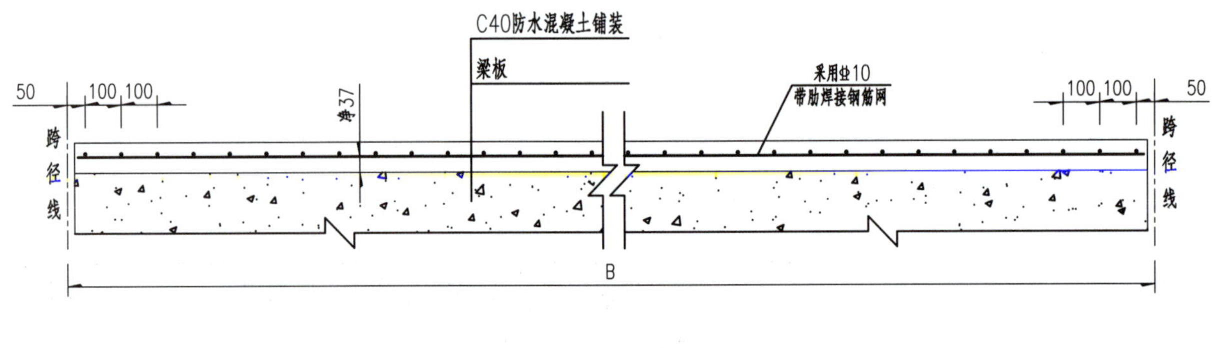

现浇钢筋混凝土简支实心板梁上部构造 跨径：10m 斜交角：0°、15°、30°	荷载标准：公路—Ⅱ级 桥面宽度：5m、6.5m、7.5m、8.5m
桥面铺装钢筋构造图	图 号：32-4

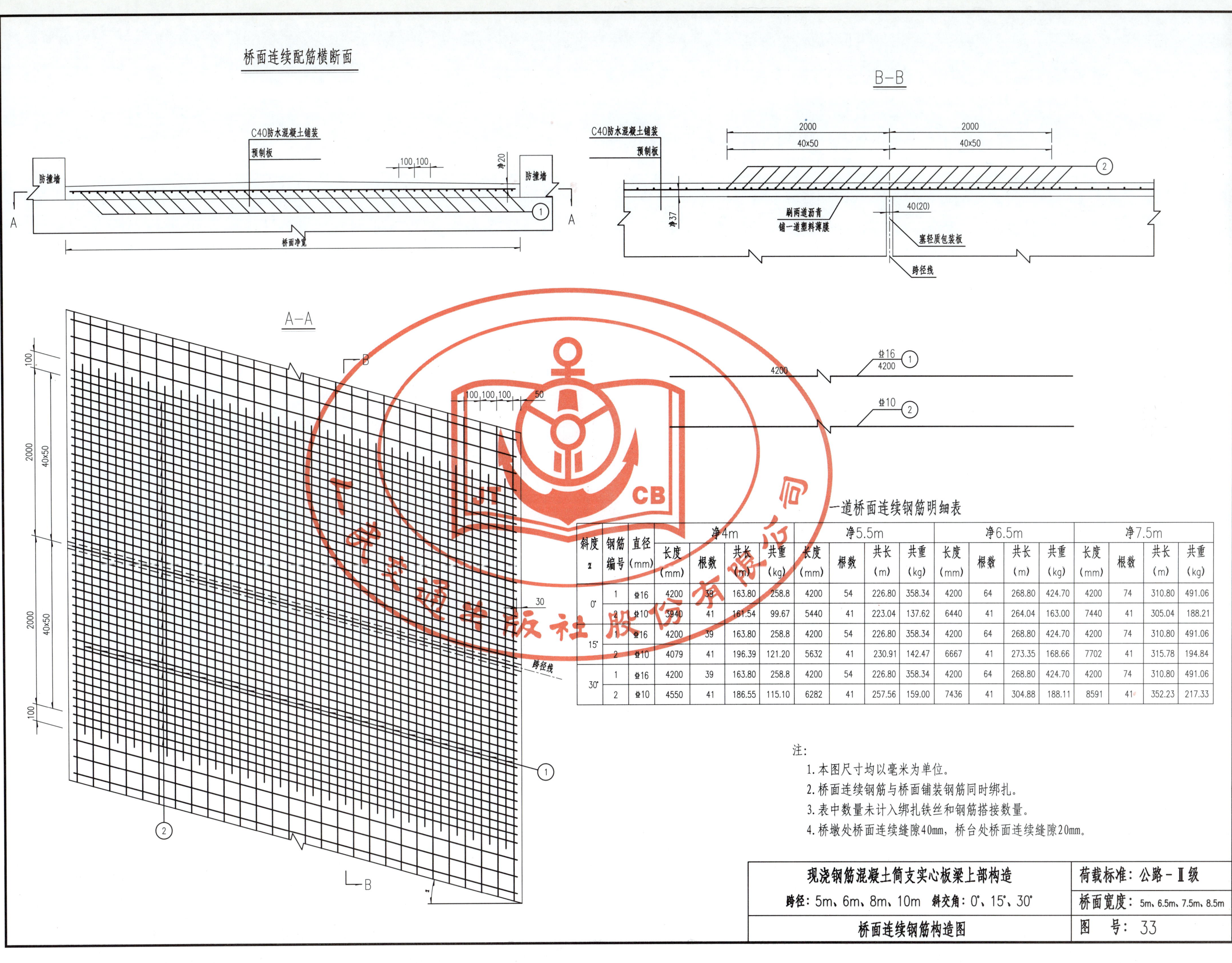

一道桥面连续钢筋明细表

斜度 α	钢筋编号	直径 (mm)	净4m 长度 (mm)	净4m 根数	净4m 共长 (m)	净4m 共重 (kg)	净5.5m 长度 (mm)	净5.5m 根数	净5.5m 共长 (m)	净5.5m 共重 (kg)	净6.5m 长度 (mm)	净6.5m 根数	净6.5m 共长 (m)	净6.5m 共重 (kg)	净7.5m 长度 (mm)	净7.5m 根数	净7.5m 共长 (m)	净7.5m 共重 (kg)
0°	1	Φ16	4200	39	163.80	258.8	4200	54	226.80	358.34	4200	64	268.80	424.70	4200	74	310.80	491.06
	2	Φ10	3940	41	161.54	99.67	5440	41	223.04	137.62	6440	41	264.04	163.00	7440	41	305.04	188.21
15°	1	Φ16	4200	39	163.80	258.8	4200	54	226.80	358.34	4200	64	268.80	424.70	4200	74	310.80	491.06
	2	Φ10	4079	41	196.39	121.20	5632	41	230.91	142.47	6667	41	273.35	168.66	7702	41	315.78	194.84
30°	1	Φ16	4200	39	163.80	258.8	4200	54	226.80	358.34	4200	64	268.80	424.70	4200	74	310.80	491.06
	2	Φ10	4550	41	186.55	115.10	6282	41	257.56	159.00	7436	41	304.88	188.11	8591	41	352.23	217.33

注:

1. 本图尺寸均以毫米为单位。
2. 桥面连续钢筋与桥面铺装钢筋同时绑扎。
3. 表中数量未计入绑扎铁丝和钢筋搭接数量。
4. 桥墩处桥面连续缝隙40mm，桥台处桥面连续缝隙20mm。

现浇钢筋混凝土简支实心板梁上部构造	荷载标准：公路－Ⅱ级
跨径：5m、6m、8m、10m　斜交角：0°、15°、30°	桥面宽度：5m、6.5m、7.5m、8.5m
桥面连续钢筋构造图	图　号：33